Susan Wente, CNM
Home BirthWorks
5505 Centerline Rd.
Newaygo, MI 49337

Please Return
Thank you / Gracias
Susan

D1801806

¿Nacer por cesárea?

¿Nacer por cesárea?

Cómo evitar cesáreas innecesarias
y vivir cesáreas respetuosas

**Ibone Olza
Enrique Lebrero Martínez**

Bogotá, Barcelona, Buenos Aires, Caracas, Guatemala,
Lima, México, Panamá, Quito, San José,
San Juan, Santiago de Chile, Santo Domingo

Olza, Ibone
  ¿Nacer por cesárea? / Ibone Olza, Enrique Lebrero
Martínez. -- Bogotá : Grupo Editorial Norma, 2006.
  208 p. : il. ; 21 cm.
ISBN 958-04-9748-6
  1. Cirugía obstétrica 2. Cesárea (Operación)
3. Complicaciones del embarazo 4. Embarazo - Fisiología
I. Lebrero Martínez, Enrique II. Tít.
618.86 cd 20 ed.
A1092000

Copyright © Ibone Olza y Enrique Lebrero Martínez
Copyright © 2006 para América Latina
por Editorial Norma S.A
Apartado Aéreo 53550, Bogotá, Colombia.
Reservados todos los derechos.
Prohibida la reproducción total o parcial de este libro,
por cualquier medio, sin permiso escrito de la editorial.

Diseño de cubierta: freiredisseny.com e Iván Alonso Merchán
Diagramación: freiredisseny.com

Impreso por Litocamargo Ltda.
Impreso en Colombia – Printed in Colombia

Octubre de 2006

Este libro se compuso en caracteres Adobe Caslon

ISBN: 958-04-9748-6

A Morris, Nicolás, Andoni y June.
De Ibone Olza

A Juana, Consuelo, Candela y Olivia,
las mujeres de mi vida.
De Enrique Lebrero

Índice

Agradecimientos   11

Prefacio
Por Casilda Rodrigáñez Bustos   15

Prólogo
Por J. M. Bedoya   21

1. Breve historia de la cesárea   29
    ¿La herida del César?   31
    La obstetricia del siglo xx   34
    ¿Y qué dicen las madres?   37
    ¿Futuro perfecto?   38

2. Cesárea: cómo, cuándo, por qué   41
    Anatomía de la cesárea   43
    Riesgos de la cesárea para la madre   47
    Riesgos de la cesárea para la salud del bebé   49
    Indicaciones de la cesárea   52

3. Recuperación física de la cesárea   61
    La estancia en el hospital   63
    Algunas molestias habituales   67
    Una vez en casa   69
    Cuidados especiales   71

4. Lactancia después de la cesárea   75
    Las ventajas de la lactancia materna   77
    El ABC de la lactancia materna   81
    Dificultades para amamantar después de la cesárea   86
    ¿Hasta cuándo dar de mamar?   92
    Si no pudiste amamantar después de tu cesárea   93

5. La herida emocional — 99
¿Por qué llamarlo herida emocional? — 100
La herida que no cesa — 106
La herida de la feminidad — 115
¿Y el padre? — 116
Curando la herida emocional — 117
Cuando a la cesárea se suman otras pérdidas — 120

6. El fracaso de la obstetricia moderna — 125
Teorías sobre el aumento de cesáreas innecesarias — 128
El parto es un acto sexual — 129
Cómo transcurre el parto normal — 132
El Parto es Nuestro — 142

7. Ventajas del parto vaginal después de la cesárea — 147
El mito de la «rotura uterina» — 150
Las ventajas del parto vaginal después de cesárea — 154
El reto de volver a confiar — 161
Ideas principales sobre el PVDC — 162

8. Embarazo y parto vaginal después de la cesárea — 165
PVDC, dónde y con quién — 167
Cómo buscar al profesional que te atienda — 171
Amenazas al parto después de cesárea — 178
La historia de María Paula — 180
Lecturas recomendadas — 183

9. Cesárea repetida — 185
Cesárea respetuosa — 186
Aceptar la cesárea repetida — 188
Siempre queda la esperanza — 191
El nacimiento de Mireia — 192

Anexo 1. Clasificación de las prácticas en el parto normal — 201
Categoría A — 201
Categoría B — 202
Categoría C — 203
Categoría D — 203

Anexo 2. Estudios recientes sobre rotura uterina y PVDC — 205

Agradecimientos

De Ibone

A Andrea Anguera, Ana Bercebal, Eva Campano, Gemma Cárcamo, María Paula Cavanna, Soledad, María Martínez Martínez, Mariana Giménez, María Rodríguez Coco, María José Labrador y Marta Parra, por compartir sus experiencias a través del Foro Apoyo cesáreas.

A las madres de la Asociación ICAN (International Cesarean Awareness Network), que llevan años luchando por la concienciación sobre las cesáreas a nivel mundial. Su página web y su foro de apoyo en inglés han sido muy útiles. A Bonnie Cowan, Pam Vireday, Anette Ahavery, Gretchen Humphries y Tonya Jamois, por sus enseñanzas de cómo ayudar a las madres tras sus cesáreas.

Los trabajos y textos de Michel Odent, Jeannine Parvati-Baker, Laura Gutman, David Chamberlain, María Jesús Blázquez, Raquel Schalman y Casilda Rodrigáñez, como fuente de inspiración

A Isabel Fernández del Castillo, Maribel Orgaz, Miguel Olza, Francisca Fernández, Pilar de la Cueva y Stella Villarmea, que me han ofrecido una ayuda valiosísima en la escritura de este libro, apoyando la iniciativa y colaborando en la revisión del manuscrito en diferentes momentos.

Quiero dar las gracias a toda mi familia, y en especial a Morris, mi marido, por todo el amor que me ha dado a lo largo de estos años. Los nacimientos de nuestros tres hijos por cesárea fueron hermosos y dolorosos al mismo tiempo. Gracias por acompañarme en toda esta aventura, por entender y respetar mis tiempos y mi dolor, por animarme a seguir buscando, por aceptar que el Foro Apoyo cesáreas ocupase tanto tiempo en mi vida, por entender mi necesidad de encontrarme con otras madres y mujeres en esta travesía. Su generosidad ha permitido que dispusiera del tiempo necesario para elaborar y escribir este libro, mientras él cuidaba estupendamente de Nicolás, Andoni y June. Gracias a ellos también por todo lo que me han dado y enseñado, por el regalo que es su ser.

De Enrique

A Frederick Leboyer, por su libro *Por un nacimiento sin violencia*, cuya lectura fue el punto de inflexión para iniciar mi andadura en otra forma de entender la obstetricia.

A Michel Odent, por su amistad y sus aportaciones a la Salud Primal, más allá de la obstetricia.

A Pedro Enguix y al colectivo de salud Acuario, por compartir más de veinte años embarcados en la aventura de la vida. Y en especial a Maribel, Rachel, Ágata, Gloria y Cari, por hacer posible la magia del día a día en la asistencia a los partos y nacimientos.

A Álvaro Medrano, José María Bedoya y Consuelo Catalá, por su colaboración en la revisión final de este libro.

Y a todas las mujeres y a sus parejas que me han permitido durante todos estos años asistir como invitado privilegiado a la celebración de la llegada a este mundo de sus hijas e hijos.

Y de ambos

A todas las mujeres que han compartido con nosotros sus experiencias en sus cesáreas y partos a través del Foro Apoyo cesáreas a lo largo de los últimos cuatro años.

A las mujeres y hombres de la asociación El Parto es Nuestro, a las madres de Vía Láctea y a los profesionales de la Plataforma por los Derechos del Nacimiento que nos han acompañado en esta trayectoria, defendiendo siempre el nacimiento sin violencia.

A nuestra editora, Marina Granica, por haber confiado en nosotros y en la necesidad de que este libro viera la luz.

Gracias a Joni Nicols que, desde México, ha colaborado con las fotos que ilustran este libro.

Gracias especiales a Meritxell Vila Conesa, pues sin su ayuda y su generosidad este libro no existiría.

Prefacio

Casilda Rodrigáñez Bustos*

Creo que las mujeres estamos empezando a tomar en nuestras manos la responsabilidad de nuestras maternidades. No es de extrañar, siendo como es una etapa muy importante de nuestra vida sexual y uno de los acontecimientos emocionales e íntimos más importantes de nuestras vidas, que a menudo nos «cambia la vida», nos sorprende y nos convulsiona de manera aparentemente incomprensible. Queremos recuperar la sabiduría ancestral y la capacidad de nuestros cuerpos de parir y de criar a nuestras criaturas; y queremos también establecer un diálogo con la medicina. Este libro es un buen ejemplo de todo esto.

Por un lado, la medicina, con todos sus avances, ofrece unas posibilidades muy grandes para ayudar al buen nacer. Pero por otro, dichos avances se han realizado sin tener en cuenta precisamente que nacer y parir es un acto que pertenece a la esfera de la sexualidad y de la intimidad de dos personas. La medicina se ha centrado en conseguir un parto y un nacimiento lo más seguros posibles, pero ignorando todo lo que hay en juego en lo emocional y psíquico de la madre, de la criatura, y entre ambas.

---

* Autora con Ana Cachafeiro de *La represión del deseo materno y la génesis del estado de sumisión inconsciente*, Móstoles, Nossa Jara Editores, 1995.

Esto creo que ha sido la gran falla, porque la fisiología del parto depende del estado emocional de la madre. Entonces se pierde la perspectiva de la autorregulación del proceso del parto, en el que lo psíquico, lo sexual y lo fisiológico van juntos, y se interviene sobre la disfunción del proceso, agravándola en lugar de tratar de reestablecerla. La medicina tendría que intervenir sólo ante los partos con problemas, no como norma protocolaria, y en estos casos siempre con el objetivo de tratar por todos los medios de reestablecer el proceso natural fisiológico, lo que significa la consideración y el respeto por esa unidad estrecha entre lo emocional, lo psíquico y lo fisiológico del cuerpo de la mujer; en otras palabras, respeto hacia la integridad y la intimidad de la mujer.

Como se relata en este libro, los avances en la cirugía de la cesárea ofrecen aparentemente una vía «segura» y rápida de nacer. Esto, que podría haber sido un magnífico logro para los partos verdaderamente con riesgo o imposibles, como los que presentan una placenta previa, se ha convertido en una razón para reducir más aún las posibilidades del parto fisiológico y de recuperar la capacidad de parir de nuestros cuerpos.

Creo que el abuso y el modo irrespetuoso (que suelen ir juntos) de la cesárea, en tanto que punto máximo de la medicalización normalizada de la maternidad, nos ha puesto a las mujeres ante una disyuntiva ineludible, ante lo que no podemos permanecer impasibles. Es como la gota que colma el vaso. Porque el fenómeno del abuso generalizado de la cesárea pone en cuestión la medicalización normalizada de la maternidad que la ha generado.

Si lo pensamos bien, la cesárea empieza cuando la mujer va al ginecólogo al primer control prenatal y pone el proceso de su maternidad bajo dirección médica. En el momento en que se traslada la confianza en el propio cuerpo a la medicina, ahí es cuando empieza la cesárea. Creo que estamos en un momento de recuperación de la maternidad; y ello requiere crear un cultura nueva de la maternidad, que reconozca que la «dirección» del proceso de una maternidad la lleva el propio cuerpo: el cuerpo entendido no como un aséptico contenedor, sino como unidad psicosomática, en donde lo fisiológico, lo sexual y lo emocional de la mujer van unidos.

Nuestros cuerpos saben parir y el útero se puede abrir suave y lentamente, sin calambres, como dice Leboyer. La medicina, para saber estar en su sitio, para conocer el lugar que debe ocupar en la maternidad, debiera darle la mano a la sexología; y así entender qué es un parto, cómo funciona su fisiología, de qué depende que encuentre su ritmo y que el proceso se desarrolle de modo placentero, amable:

En vez de contraerse «en bloque y brutalmente»,
el útero lo hace lenta, *progresivamente* y casi *con dulzura.*
Cuando la contracción llega a su punto límite
observamos cómo, después de una *pausa* que, aun siendo breve,
no deja de ser muy nítida, el útero se relaja,
y lo hace con la misma lentitud extrema, la misma progresividad.
con una nueva pausa en *total reposo.*
Esta lentitud, que sólo tiene parangón en los movimientos
voluntariamente lentos del tai-chi-chuan, determina
que las contracciones, vistas en conjunto, se asemejen a la respiración
lenta, profunda y completamente sosegada de un niño
cuando duerme y disfruta de un reposo sin par.
[...]
Los primeros planos que muestran el vientre de la mujer
no dejan lugar a dudas en cuanto a la realidad de estas contracciones.
A su vez, los primeros planos de su cara
mientras sigue avanzando en «su trabajo»
expresan con elocuencia que,
esa joven mujer, en lugar de «retorcerse de dolor»
avanza lentamente hacia el «éxtasis».

El modo de dilatación del útero que nos relata Leboyer abre un camino de esperanza para las mujeres, al tiempo que constituye un reto para todos y todas las profesionales que trabajan en torno a la maternidad.

En este camino de recuperación de la maternidad, tenemos todavía muchas, muchísimas cesáreas por delante. Por eso, este libro es imprescindible: 1) para saber lo que es una cesárea, 2) para saber cuándo está justificada y cuándo no, 3) para cambiar de médico a tiempo si sus explicaciones no nos convencen, 4) para que si estamos ante una cesárea justificada y necesaria, sepamos que puede realizarse respetando lo más importante para nosotras y para la criatura: el encuentro, el momento de la impronta, el establecimiento de la relación una vez la criatura está fuera de nuestro vientre.

Como se relata en este libro, cuando se hace una cesárea respetuosa, la impronta y el estado de bienaventuranza de la madre y de la criatura se pueden producir igual o casi igual que en un parto vaginal.

Este es el mensaje crucial y lleno de esperanza para las mujeres que se tengan que someter en el futuro a una cesárea. Y es imprescindible que todas las mujeres sepan que la cesárea respetuosa es posible: sólo hace falta reconocer que el nacimiento es un acto que pertenece a la esfera de la sexualidad y de la vida íntima de dos seres.

Este libro contiene una información que, tal y como están las cosas, yo diría que es imprescindible para las mujeres que quieran quedarse, o ya estén, embarazadas. Porque cualquiera que vaya a parir a un hospital o a una clínica, se puede topar con la cesárea; y lo que hay en juego es demasiado importante para la vida de la mujer y de su criatura como para obviarlo. Hasta ahora el vacío informativo se estaba colmando en los foros de Internet (apoyocesareas, elpartoesnuestro, etc.), pero somos todavía muchas las que no tenemos incorporado este medio en nuestras fuentes de información. Además, en este libro, se ofrece una recopilación ordenada y contrastada científicamente, y, lo que es importantísimo, al mismo tiempo asequible para cualquiera que sea el nivel de conocimientos de las mujeres.

Gracias, Ibone, y gracias, Enrique; primero por el libro, por haber creado un instrumento para ayudar a las mujeres, un instrumento que era de una necesidad acuciante. Y puesto que tengo el honor (que viene a cuento y que asumo como prueba de amistad) de estar escribiendo aquí, en el propio libro, este prólogo, también quiero darles las gracias en nombre de todas las mujeres a las que este libro les va a salvar del desastre: gracias por este esfuerzo a todos los niveles: de investigación, de recopilación de datos, de tiempo y, sobre todo, de honestidad y de sensibilidad ética, cosas de las cuales, por desgracia, nuestro mundo anda un poco escaso. Desde luego, han invertido su esfuerzo en lo más importante y lo más grande que pueda haber en este mundo, y lo más gratificante: el nacimiento sin violencia, la recuperación de la maternidad.

La Mimosa, junio de 2005

1) Frederick Leboyer, *El parto: crónica de un viaje*, Barcelona, Alta Fulla Editorial, 1998.

¿Qué hace sufrir a la mujer que da a luz?...
La mujer sufre debido a las contracciones...
Unas contracciones que no acaban nunca y que hacen un daño atroz,
¡pero eso son calambres!
Todo lo contrario de las «contracciones adecuadas»...
Lo que hasta ahora se había tomado por «contracciones adecuadas»
eran contracciones altamente patológicas
y de la peor calidad,
¡Qué sorpresa!
¡Qué revelación!
¡Qué revolución en ciernes! [...]

Prólogo

J. M. Bedoya*

Mi encuentro con este libro fue curioso y afortunando. Un día de verano, hacia las cinco y media de la tarde, recibí una llamada al famoso móvil y la voz de mi viejo amigo Enrique me dijo: «Perdona la llamada, ¿es un momento oportuno?». «Estoy a 2.000 metros de altura —le respondí—, subiendo a los Picos de Europa, hace una tarde espléndida, a mis pies se extiende el valle de Liébana y hay una brisa muy agradable. Casi me falta la respiración, así que la llamada es oportuna, porque me va a permitir un descanso».

Dos días después, recibí el borrador del libro *¿Nacer por cesárea?* por mensajería. La lectura sirvió para aliviarme de las agujetas y recordarme las conversaciones tenidas acerca de la deshumanización de los partos en los hospitales, tanto públicos como privados, y la necesidad de contar a las futuras madres y padres, y recordar a los profesionales que la maternidad, los partos y la crianza de los hijos e hijas (por costumbre patriarcal se habla siempre de hijos), son experiencias bonitas y cada vez más raras y únicas, y que así deben ser vividas y experimentadas por todos.

---

* Catedrático de Obstetricia y Ginecología de la Universidad de Sevilla.

Este libro lo recuerda. Se refiere, sobre todo, a la experiencia de las madres que han «sufrido» una cesárea, pero son aplicables a todo tipo de partos. Los diez capítulos reflejan la experiencia de tener un hijo hoy. Son amenos y están escritos de una manera llana y asequible para las mujeres, huyendo de tecnicismos (a los que somos tan aficionados los profesionales, y con los que intentamos cubrir nuestra incapacidad para comunicarnos con las personas normales y corrientes).

Está escrito por una madre que ha pasado por la experiencia de tener tres hijos por cesárea y es psiquiatra; y por un padre, de profesión ginecólogo, que antes de ser padre ya sabía expresar con los actos y las palabras su aspecto humano hacia las mujeres que acudían a él en demanda de ayuda, en el momento en que se encuentran más desorientadas y débiles. Pienso que la lectura del libro les ayudará.

El primer capítulo cuenta la historia de la primera cesárea que se hizo para salvar la vida del hijo cuya madre había muerto. En la actualidad, la cesárea se debe hacer para evitar los posibles males a la madre y al hijo, o los hijos, que van a nacer. Pero de ahí se ha pasado, en la mayoría de las ocasiones, a realizarla para evitar los inconvenientes de la hora o el día para el asistente al parto. Es la cesárea programada.

En España, en veinte años, se ha pasado de una frecuencia de diez cesáreas cada cien partos a la actual de veintitrés cada cien partos. Es decir, uno de cada cuatro partos es mediante cesárea. En otros países, es peor aunque, en algunos, como los Países Bajos, no pasan de diez cesáreas cada cien partos y sus mujeres no son distintas a las de España. Lo curioso es que en un mismo país e incluso en una misma ciudad, la frecuencia varía según el tipo de hospital, público o privado, con lo que se saca la conclusión de que no existen criterios médicos consensuados, o al menos estos son muy amplios. ¡Desde un porcentaje del 15 por ciento hacia arriba, los motivos para hacer una cesárea no son estrictamente médicos, sino que el tipo de actuación depende del criterio de cada profesional! Las consecuencias de las cesáreas están descritas en el libro.

Porque la cesárea evita males a la madre y al hijo, pero también los provoca, como el aumento de hemorragias, embolias, anemia, infecciones, complicaciones de la anestesia y otras, por referirse a las complicaciones de la madre, así como los problemas de los hijos, como la inmadurez pulmonar y la ausencia del beneficio para el feto sano del paso por el canal del parto.

Pero además están las secuelas psíquicas, que son más largas y con un período de recuperación más lento. El libro las refiere como la «herida emocional» y habla de las preguntas que las madres se hacen meses después de una cesárea. Son preguntas que los profesionales no nos hacemos, ni nos preocupan, porque nos limitamos a decir que la «herida está bien y no tiene nada». Es la misma respuesta que damos después de hacer una extirpación del útero por pequeños miomas totalmente benignos y con escasos síntomas. Todo está bien, pero la mujer se ha quedado con la sensación de pérdida por no haber tenido el parto soñado, una herida en el vientre, o sin «su» útero.

Todo ello crea dudas, enfado o rabia, depresiones, sensación de abuso y atropello a su cuerpo, mutilación y múltiples preguntas sin respuesta, porque la mayoría de los encargados de la salud no estamos capacitados para responder.

Pero que no sepamos responder, no quiere decir que no tengan respuesta. Cada vez es más necesario que trabajemos en colaboración con otros profesionales, psicólogos, psiquiatras, trabajadores sociales, que sepan resolver todas las dudas. No es posible que después de pasar por un quirófano, o una grave enfermedad, del tipo que sea, la persona que ha sufrido todas estas heridas físicas y psíquicas se vaya a su casa, cuanto antes mejor (para el sistema), para que la atienda un familiar, por lo general femenino, que tiene las mismas dudas.

Algo falla en este aspecto de la salubridad. Cada vez surgen más asociaciones y grupos de apoyo que tratan de suplir este fallo. Pero no basta. La salud es un estado de bienestar físico y psíquico. Lo del bienestar físico está bien cubierto, por lo general, pero falta el psíquico.

Tampoco basta con crear unidades de apoyo para las «graves patologías». No podemos medir la gravedad por el tamaño de la intervención o su malignidad, porque el daño psíquico depende de cada persona. Lo que para unos se hace un mundo, para otros no. Pero no somos los médicos, cirujanos o enfermeros los más capacitados —por nuestra formación o deformación— para valorar estas situaciones. Los médicos podemos intuir que una persona tiene un problema psíquico, pero muchas veces nos falta el apoyo de otro tipo de profesional, sobre todo en la salud pública, para que atienda estos problemas.

El libro da algunas pautas para curar la «herida emocional», pero opino que con la ayuda de una mano experta, será mucho más fácil.

El capítulo *El fracaso de la obstetricia moderna* es muy significativo. Me permito referir un caso que viví directamente. Se inauguró una nueva y moderna zona de partos en un gran hospital, con grandes avances tecnológicos y sistemas de monitorización fetal electrónica que enviaban las señales a una unidad central, a distancia, donde se reflejaban todas las incidencias. En otra moderna habitación, una mujer estaba en trabajo de parto ¡sola! La partera y el marido estaban muy entretenidos, mirando el registro del monitor fetal en la unidad electrónica centralizada, a distancia.

Todos estamos pendientes del registro fetal continuo, los análisis, las últimas ecografías, los goteros en la espalda y en los brazos, que la mujer no se mueva, que no haga ruido, pero no nos preocupamos de poner una mano encima del vientre o coger la mano de la mujer, porque nuestra misión es la otra. ¿En qué nos hemos convertido?

Son muy bonitas las referencias a las hormonas del amor y del parto como la oxitocina, la prolactina, la adrenalina, las endorfinas y la importancia del parto como acto sexual, que se suprime cuando se practica una cesárea. También, son muy interesantes las reflexiones sobre las rutinas hospitalarias, la falta de intimidad y la despersonalización de la mujer desde que llega a un hospital, la conducta de los profesionales, la posición de la mujer en el parto, la medicina defensiva y, ¿por qué no?, los aspectos económicos y su relación con el aumento de cesáreas.

Un punto de vista que debemos tener en cuenta los profesionales sanitarios es el de las mujeres, que la mayor parte de las veces están en manos de los hombres, sin contar para nada con su opinión ni su voluntad. La asociación El Parto es Nuestro trata de hacernos recordar y conseguir la aplicación en todas las maternidades de las recomendaciones de la OMS.

Estas recomendaciones son del año 2001, pero llama la atención la reticencia de la mayor parte de los hospitales para ponerlas en marcha. Se argumenta que están escritas para países en vías de desarrollo, pero no para nuestras «avanzadas» maternidades, como si hubiese mujeres de primera y de segunda. Todas las mujeres, en todas las partes del mundo, son iguales y tienen los mismos derechos, y nuestras decisiones médicas se deben basar siempre en evidencias científicas y no en hábitos, costumbres o rutinas y, sobre todo, nunca en la comodidad de los/las asistentes al parto.

Son diez principios fundamentales que intentan no «medicalizar» todos los partos como norma y evitar las rutinas, tan molestas para las mujeres, como el rasurado rutinario —reminiscencia de los tiempos en que no había aseos en las casas— el enema y la episiotomía rutinaria, la limitación de los movimientos y la obligación, antifisiológica, de parir con las piernas en alto —que es una postura cómoda para el asistente al parto pero antinatural y en contra de la intimidad de la mujer—, el uso sistemático de goteros de suero fisiológico para coger una vía venosa, «por si hace falta», el retirar al hijo de su madre apenas nace y tantas otras más, que se emplean sin que nadie sepa por qué. La OMS y el sentido común las comprende, pero los médicos no.

Hay otra serie de recomendaciones para los cuidados del parto, post parto y el cuidado del recién nacido, siguiendo las guías de la Iniciativa del Hospital Amigo del Niño para la alimentación infantil.

El capítulo 4, *La lactancia después de la cesárea*, elimina todos los tabúes que existen al respecto sobre el retraso en la subida de la leche, el alejamiento del hijo las primeras veinticuatro horas del parto, el tiempo de intervalo o la lactancia a demanda, hasta qué edad hay que dar de mamar a los hijos y otras dudas de las madres que los especialistas han contestado según las modas o, lo que es peor, la presión de las casas comerciales para vender determinado producto. La liberación de la mujer no empieza por liberarla del pecho materno para sus hijos, ni mucho menos, y la madre que no da el pecho a su hijo pierde esos ratos de intimidad y entrecruzamiento de miradas que sólo sabe describir y narrar la madre que lo ha vivido y sentido.

Pero estas no son las únicas razones, sino que además tiene numerosas ventajas para la salud de la madre y el hijo y su desarrollo posterior, así como desmitifica la obsesión por el peso del hijo según las curvas de crecimiento realizadas, la mayor parte de ellas por casas comerciales y con alimentación a base leche de vaca «maternizada». Olvidan que la madre produce leche a demanda, según las necesidades y edad del hijo: más fluida al principio y más grasa después, etc. Todos estos aspectos están muy bien comentados en el libro.

¿Cuántas cesáreas puede sufrir una mujer? Desde luego, si la primera cesárea fue por una pelvis muy pequeña, demostrada radiológicamente, y el peso del futuro hijo es igual o mayor que el anterior, no hay que esperar que la madre pueda parir por vía vaginal, aunque la cesárea siempre deberá hacerse cuando el parto inicie las primeras contracciones espontáneas. En el resto de los casos, una cesárea no es obstáculo para un parto vaginal, si no aparecen otras complicaciones médicas u obstétricas. El problema está en que muchos piensan que después de la primera cesárea, se hace otra y, de paso, se ligan las trompas. Esa opción debe ser muy meditada, porque de entrada nadie sabe qué va a pasar con el recién nacido o con el futuro de la madre y del padre, y la fecundación *in vitro*, si desea otro hijo, no es segura al ciento por ciento.

¿Qué es una rotura uterina? Se puede romper el útero después de una cesárea. El libro hace esta y otras muchas preguntas y las contesta de manera sencilla, pero bien apoyada por numerosas citas bibliográficas. Es un buen libro de consulta escrito por dos profesionales que, ante todo y sobre todo, son muy humanos y desean ayudar a las mujeres que desean tener un hijo y tienen la cabeza llena de miedos y tabúes. También, lo deberían leer los profesionales porque, como dice el eslogan, «leer da más», siempre da más».

Frama, Cantabria, verano de 2005

1
Breve historia de la cesárea

Soñábamos con parir a nuestros hijos mucho antes de estar embarazadas. Tal vez, desde el día en que nos vino la primera regla, o puede que antes. «Ya eres mujer», nos dijeron. Y, en el fondo, sabíamos que esa sentencia encerraba un tesoro, una fuerza, una promesa: un día podríamos dar a luz. E, inevitablemente, la fantasía: parir, amar, procrear, amamantar. Imágenes que llevamos en el inconsciente desde muy jóvenes, desde niñas.

Crecimos, aprendimos, vivimos y, en determinado momento, amamos. Deseábamos un hijo o tal vez no. Nos embarazamos. Nos sorprendimos. Engordamos, nos redondeamos, nuestro cuerpo se desparramó... y volvimos a soñar. Soñamos con parir. Parir con amor, parir rápido, en cuclillas o acostadas, en casa o en el hospital, con nuestro marido o con nuestra hermana, gritando o en silencio, bajo la luz de los focos o en la penumbra de las velas. Aullando de dolor o anestesiadas. Con miedo o con risa. Todas soñamos con el parto, con mil partos diferentes, pero siempre, al final con un abrazo, con un bebé que lloraba y era nuestro hijo, con nuestras lágrimas al ver su cara y olerle al fin.

Sin embargo, casi ninguna de nosotras imaginó nunca que su hijo nacería por cesárea. Las mujeres solemos tener pocas dudas sobre nuestra capacidad para parir. Podemos temer el dolor en el parto, o que algo malo le pase al bebé, pero a muy pocas se les ocurre imaginar que su bebé no podrá salir por la vagina y que, en vez de eso, tendrá que salir por la barriga.

No imaginábamos que sería por cesárea. Nunca soñamos con despertar solas en un quirófano, heladas de frío. Con la barriga vacía y cosida, atontadas por el dolor o los sedantes, esperando a que se acercase la enfermera para poder preguntar: «¿Y mi hijo? ¿Y mi hija? ¿Dónde está? ¿Cómo fue todo?». Esforzándonos por salir del sueño sin imágenes de la anestesia, intentando no volver a caer en él. «¿Dónde está? ¿Y mi marido? ¿Cuándo los podré ver? ¿Puedo beber agua?» Y por dentro una herida indescriptible, un dolor ciego, sordo, que no sabemos dónde está ni qué es. Un dolor que no identificamos, que nunca antes habíamos experimentado. «Será la herida». Es la herida. La herida emocional.

Hay todo tipo de cesáreas: urgentes o programadas, con anestesia general o sin anestesia efectiva, en la semana treinta del embarazo o en la cuarenta y dos y media, gozosas o terroríficas, necesarias o innecesarias, respetuosas o humillantes. La intervención estrella de la cirugía moderna —la que más bebés podría salvar y que también, por desgracia, dado el abuso que se hace de ella, más dolor puede causar— admite todas estas y muchas más variedades.

La cesárea ha pasado de ser una intervención excepcional, que sólo se realizaba tras la muerte de la madre en el parto en un intento desesperado por sacar al niño con vida, a ser la manera de nacer de uno de cada cuatro o cinco niños en países como España, Estados Unidos o México. Cuando una madre se pregunta después de la cesárea «¿por qué a mí?» o «¿era necesaria?», nunca hay una sola respuesta. Tal vez ni siquiera haya respuesta. Pero conocer la historia de la cesárea, que es también la de la obstetricia, puede arrojar cierta luz sobre los motivos que hacen que una de cada cuatro mujeres dé a luz por cesárea en la actualidad. ¿Cómo hemos llegado hasta aquí?

¿La herida del César?

Son muchos y variados los dioses que, según diferentes leyendas, nacieron por el vientre de su madre. Sobre esta manera de venir al mundo, hay huellas en la mitología griega (el nacimiento de Dionisos y Aesculapios), en el hinduismo (el nacimiento de Brahma), en el budismo (nacimiento de Buda) o en la Persia clásica (nacimiento de Rustan). Investigaciones de las culturas egipcia y griega clásicas demuestran que en esa época ya se aplicaba el principio de beneficencia al extraer un niño vivo de una mujer a punto de morir, como último recurso y aceptando la muerte materna.

En Roma, 700 a. de C., se promulgó una ley que concedía al feto el derecho a la vida, después de la muerte de la madre. La palabra *cesárea* es una derivación de «caesus» (corte), es decir, «extraído por un corte». A los niños extraídos posmortem, se les llamaba *cesones* o *césares*. Es un mito que Julio César, el primer emperador de Roma, hubiera nacido así, pues su madre Aurelia vivió mucho tiempo, y ninguna mujer sobrevivía a la operación.

Lo cierto es que en la Antigüedad y en la Edad Media se conocía el parto por corte en el vientre de las madres muertas. En ello tuvo influencia la Iglesia católica, que exigió que se utilizaran todos los medios posibles para bautizar a los niños, sin distinción. Así, la Iglesia promulgó la Lex Regia, por la que se prohibía enterrar a mujeres muertas en partos infructuosos, antes de intentar la extracción del hijo de su vientre, con el fin de bautizarlo.

Hasta el Renacimiento, no hay informes de cesáreas practicadas en mujeres vivas. El primer registro de cesárea data del año 1500, en Suiza. La embarazada, tras varios días de parto, fue intervenida por su esposo, Jacobo Nufer, de oficio carnicero. Las autoridades permitieron la operación, y la mujer y el niño, excepcionalmente, sobrevivieron. Algunos historiadores consideran que la primera cesárea médica fue efectuada por Jeremías Trautman, en 1600, en Witemberg[1].

En 1581, se publicó, en París, el primer manual médico sobre la cesárea, escrito por François Rousset, médico del duque de Saboya. Fue el primero en describir cómo se hacía una cesárea en una mujer viva. Rousset recomendaba practicar cómo se hacía una cesárea en bebés demasiado corpulentos, en gemelos, cuando el bebé estaba muerto en el vientre materno, y cuando había «estrechez de las vías de parto», término que aparecía por primera vez, pero con perfiles muy difusos. Rousset proponía que se abriera el vientre mediante un corte en el lado izquierdo. Decía que el dolor del corte carecía de importancia frente al martirio sufrido por la parturienta en el trabajo infructuoso del parto. Recomendaba abrir la matriz, sacar con las manos a la criatura y la placenta, y cerrar la pared abdominal con suturas y parches. Sostenía que el corte del útero no debía suturarse pues la musculatura uterina, al contraerse, mantenía cerrada la incisión. También, afirmaba que no había hemorragia porque el bebé había absorbido la sangre de la madre. Durante siglos, fue el único manual existente sobre la cesárea.

Con el tiempo, se llegó a la convicción de que Rousset no había practicado nunca una cesárea y probablemente tampoco hubiera presenciado ninguna. El hombre que sirvió de guía para practicar las primeras cesáreas en mujeres vivas, que morían posteriormente sin excepción, era un teórico con pobres ideas sobre anatomía y fisiología humanas.

Efectivamente, la operación, frecuente, era cuestionada porque la madre moría. Principalmente por la infección, pero también por las limitaciones de la hemostasia, la ausencia de suturas quirúrgicas y la falta de anestesia. En esa época, los problemas obstétricos se trataban de solucionar actuando sobre la cabeza del bebé (con la craneoclasia, la craneotomía y la decapitación fetal), la pelviotomía y, finalmente, con los fórceps; para tratar de evitar la cesárea y reducir la mortalidad materna[2].

Puede ser esclarecedor conocer brevemente la historia del fórceps, para reflexionar sobre la catadura moral de algunos prohombres de la ciencia. El fórceps fue un instrumento usado por los cirujanos árabes de la Antigüedad, mencionado por Avicena y reproducido en los dibujos médicos de Albucassis. Este instrumento fue rediseñado por Chamberlain, en Inglaterra, en 1720. Más tarde, emigró a Francia por los conflictos políticos de los hugonotes, y allí consiguió mantener en secreto tanto la forma del instrumento, como su técnica de uso... ¡durante cuatro generaciones!, en las que sólo sus hijos y nietos pudieron disponer del fórceps para su uso profesional.

Cuando, al fin, el colegio de obstetras holandés compró el invento a un descendiente de Chamberlain, este les vendió una sola pala del fórceps, de imposible aplicación, en un último intento por mantener el secreto sobre el invento. De esta manera, se impidió durante más de cien años que la humanidad se beneficiase de un instrumento importante, en un período de tiempo histórico en el que la cesárea era, de hecho, impracticable.

Pero sigamos con la cesárea. En 1778, Deleury, tocólogo francés, informó de una cesárea en que la madre había salvado la vida. Un caso único, pues la inmensa mayoría morían. Posteriormente, el francés Lebas de Moulleron descubrió, en autopsias de mujeres muertas tras la cesárea, que la herida del útero no se cerraba, tal como había asegurado Rousset siglos atrás. Se quedaba totalmente abierta, produciendo grandes hemorragias. Pero también descubrió que, con frecuencia, gran cantidad de pus inundaba la cavidad peritoneal, produciendo una peritonitis mortal. Por tanto, trató de cerrar la herida uterina mediante suturas. Pero no había sutura que resistiera las contracciones posteriores al parto. Los hilos desgarraban los tejidos y la herida volvía a abrirse.

Durante la primera mitad del siglo XIX, no hubo ningún cambio innovador sobre la cesárea, hasta que dos avances importantes estimularon todos los procedimientos quirúrgicos. En 1846, en Estados Unidos, aparece la anestesia por éter de Morton. En 1860, en Inglaterra, Lister descubre la antisepsia por ácido carbólico. Es decir, empiezan las operaciones con anestesia y sin graves infecciones en el posoperatorio.

Hasta el momento, la imposibilidad de coser el útero después de la cesárea había sido la principal causa de hemorragia e infección. Pero en 1876, acontece un gran hito en la historia de la cesárea. El profesor Edoardo del Porro, de la Universidad de Pavía (Italia), tenía treinta y cinco años cuando se preguntó si no sería efectivo extirpar el útero tras la intervención. Así, el 21 de mayo de 1876, realizó una cesárea por malformación pélvica a Julia Covallini, bajo anestesia con cloroformo. Extrajo una niña sana y, posteriormente, extirpó la matriz, dejando el cérvix, que suturó con alambre metálico. Michaelis ya lo había propuesto en 1806, pero nadie se había aventurado a practicarlo. Julia Covallini vivió, tras un posoperatorio tedioso y lleno de infecciones. En poco tiempo, se extendió el «método del Porro» por toda Europa. La mortalidad de la cesárea ya «sólo» era del 50 por ciento.

Con la puesta en práctica de esta técnica, la intervención empezó a tener un gran auge, y, en 1901, la mortalidad materna era del 25 por ciento. No obstante, la infertilidad y la menopausia precoz (ya que con el útero se extirpaban también los ovarios) eran duros efectos secundarios de la cesárea.

La obstetricia del siglo XX

Tras la aparición de la asepsia (es decir, los métodos para evitar que las heridas quirúrgicas se infecten), de la anestesia, de la hemostasia (que permite que la sangre se coagule tras la operación) y de las suturas aplicables a la pared uterina, Saenger y Kehrer recuperaron la cesárea original, sin extirpar el útero. A esto se agregó el uso de guantes de goma en 1890 y, en 1921, la realización de la histerotomía (corte en el útero) en el segmento uterino inferior por Monro Kerr. Con esta intervención, se posibilita que los partos futuros puedan ser vaginales. Esta técnica se generalizó en los años cincuenta. En los sesenta, se extendió el corte exterior en la piel de manera horizontal (en la «línea del bikini»), usando la técnica que Pfannestiel había descrito a principios del siglo XX.

En los albores de los noventa, en el hospital de Jerusalén M. Stara, comienzan a aplicar la técnica de Joel-Cohen, que minimiza el uso de bisturí durante la cesárea. Esto se consigue separando los tejidos con los dedos en vez de cortarlos. Con ello, se facilita mucho la recuperación, ya que se cortan menos tejidos y la pérdida de sangre es menor. Así quedó la intervención quirúrgica de la cesárea, básicamente como la conocemos hoy.

En el siglo XX, se han ido produciendo diversos factores que han influido, directa o indirectamente, en la manera de nacer. Estos, como iremos viendo, son de toda índole y han determinado un incremento generalizado del número de cesáreas, junto a una disminución del número de partos espontáneos, sobre todo en las dos últimas décadas del siglo XX. La mortalidad materna por la cesárea ha disminuido enormemente. En 1970, en la mayoría de los países industrializados, había un 5 por ciento de partos por cesárea. En 1980, esta cifra se había duplicado. En 1985, en muchos de estos países, un 15-20 por ciento de los partos eran cesáreas. En 1990, este porcentaje seguía en aumento, en algunos países. Pero las variaciones, según las regiones, son considerables. En 1986, en Estados Unidos, las cesáreas habían aumentado al 24 por ciento, mientras países como Checoslovaquia o los Países Bajos mantenían tasas del 5 y el 10. Los porcentajes de cesáreas varían mucho, tanto entre diferentes países, como dentro del mismo país, según el centro. En Dinamarca, en 1991, había un hospital con un 24 por ciento de cesáreas y otros hospitales con el 10[3].

En España, la tasa de cesáreas pasó del 9,7 por ciento en 1984 al 18,2 por ciento en 1998, pero en el 2001, la tasa ya rondaba el 23. En menos de 150 años, la sociedad occidental ha pasado de celebrar el uso de una técnica médico quirúrgica, que puede salvar la vida de algunos niños con dificultades en su nacimiento, a convertir la cesárea en otra manera de nacer.

La idea de que las propias mujeres sean las que soliciten las cesáreas, aunque no sean imprescindibles, se apuntaba hace décadas en los libros de ciencia ficción. En la novela *Fahrenheit 451*, publicada en 1953, el escritor Ray Bradbury [4] pone en boca de uno de sus personajes (una mujer):

> He tenido dos hijos mediante una cesárea. No tiene objeto pasar tantas molestias por un bebé. El mundo ha de reproducirse, la raza ha de seguir adelante. Además, hay veces que salen igualitos a ti y eso resulta agradable. Con dos cesáreas estuve lista. Sí, señor. ¡Oh! Mi doctor dijo que las cesáreas no son imprescindibles, que tenía buenas caderas, que todo iría normalmente, pero yo insistí.

De la ciencia ficción a la realidad. Conforme la cesárea se convierte en una intervención más y más segura, y en el contexto del parto hospitalario altamente medicalizado (y traumático), algunas mujeres solicitan que se les haga una cesárea. Poco a poco, el debate ha ido pasando a las sociedades obstétricas, pero en vez de preguntarse por qué una mujer pide una intervención así, se debate sobre el derecho de la mujer a la cesárea. A finales del siglo XX (1997), los obstetras comenzaron a preguntarse si deben aceptar el hacer una cesárea a petición de la mujer. Pocos años más tarde, a principios del siglo XXI, ya están preguntándose si deberían ofrecer la cesárea programada a todas las mujeres[5]. En Estados Unidos, en octubre de 2003, la Asociación Americana de Obstetricia y Ginecología (ACOG) acepta las cesáreas «a la carta» como éticas. Por su parte, el NICE británico propone que no sea negada la cesárea a la mujer, pero matizando que es preciso comprender, debatir y discutir los motivos por los que solicita la intervención.

¿Y qué dicen las madres?

En 1972, una madre americana, Nancy Wainer-Cohen, tuvo a su primer hijo por cesárea tras una inducción fallida de ocho horas. Como ella misma relata:

> Incluso tumbada en el quirófano estaba convencida de que aquella cesárea no era necesaria y de que se podría haber evitado. A pesar de estar encantada con mi hijo, me sentí decepcionada, engañada, confundida, enfadada y muy triste. Los familiares y amigos me decían: «¿Qué importa cómo haya nacido? Los niños nacidos por cesárea son tan guapos» [...][6].

Escribió una carta a una revista sobre partos, preguntando si otras mujeres habían tenido sentimientos similares tras sus cesáreas, y así empezó a recibir cientos y luego miles de testimonios. Con una de esas madres, Nancy Wainer fundó C/SEC la primera asociación en el mundo para apoyar a madres que habían pasado por cesáreas, educar a otras madres y evitar «inne-cesáreas». Nancy Wainer tuvo dos hijos más vaginalmente y diez años más tarde publicó, junto con Lois Estner, un libro destinado a convertirse en clásico: *Silent Knife*[7]. Por entonces, se acuñó el acrónimo VBAC: *Vaginal Birth After Cesarean* (en español PVDC: parto vaginal después de cesárea). Un año antes, Esther Zorn, otra madre, había fundado el Movimiento para la Prevención de las Cesáreas, que más tarde se convertiría en ICAN, la Red Internacional para la Concienciación sobre las Cesáreas.

La tarea de estos grupos de mujeres consiguió convencer a la sociedad estadounidense de que las cesáreas eran peligrosas y favoreció que la tasa de cesáreas pasara del 24 al 16 por ciento en Estados Unidos a finales de los ochenta. Sin embargo, a mediados de los noventa, hubo un resurgir que no se ha detenido hasta la fecha: en el año 2003, la tasa de cesáreas en Estados Unidos fue la más alta de su historia, con un 27,6 por ciento (un 6 por ciento mayor que en el 2002).

La generalización de Internet ha permitido el acceso de muchas mujeres de todo el mundo a información sobre las cesáreas; desde artículos médicos a nuevos grupos de apoyo que han ido surgiendo globalmente, como ICAN, la asociación australiana Birthrites o la web canadiense «Birthlove».

En España, el foro «Apoyocesareas» se creó en el verano del 2001 con la idea de ofrecer asistencia psicológica a madres que hubiesen pasado por cesáreas y ayudarles a buscar información que facilitase la preparación del parto vaginal después de la cesárea. No tardaron en llegar mujeres al foro que, a pesar de haber tenido un parto vaginal, se sentían muy traumatizadas por el trato que habían recibido durante sus partos. En octubre del 2003, se constituyó la asociación El Parto es Nuestro.

¿Futuro perfecto?

Si no cambiamos las cosas, podemos imaginar el futuro desde el presente que vivimos. Mujeres con cada vez más baja autoestima con relación al funcionamiento íntimo de su cuerpo. El fracaso del ser femenino, en cuerpo y alma, en un momento culmen de su vida: el parto y nacimiento de sus hijos.

¿Tiene sentido abogar por una disminución de las tasas de cesáreas? Según Michel Odent, intentar reducir las cesáreas sin que haya habido previamente un cambio profundo en los modelos de atención al parto podría resultar muy peligroso[8]. Y es que, mientras no se entienda la fisiología del parto; mientras no se comprendan y respeten las necesidades de intimidad y seguridad que las mujeres requerimos para parir como mamíferas, parece poco probable que las cosas cambien. La cesárea se vende como un nuevo estilo de nacer. Pero las implicaciones de esta transformación para la humanidad podrían ser desastrosas, como señalan los teóricos de la «cientificación del amor»[9]. Según estas teorías, el nacimiento medicalizado, la separación rutinaria de madres y bebés tras el nacimiento, la negación de los aspectos primales de la especie humana darán lugar (si no está sucediendo ya) a sociedades cada vez más violentas, fruto de alteraciones en la capacidad de amar de sus individuos. Así el propio Odent se pregunta: ¿Podrá la humanidad sobrevivir en la era de la cesárea segura? ¿Podrá sobrevivir la especie humana sin amor?

Notas

1. Jorge Hasbun, «Operación cesárea: una perspectiva cultural», en VV. AA., *Nacer en el siglo XXI. De vuelta a lo humano*, Santiago de Chile, Editorial Universidad de Chile, 2001.
2. Jürgen Thorwald, *El siglo de los cirujanos*, Barcelona, Destino, 1999.
3. Marsden Wagner, *Pursuing the Birth Machine*, Australia, ACE grafics, 1994.
4. Ray Bradbury, *Fahrenheit 451*, Barcelona, Ediciones Orbis, 1985, pág. 112.
5. Michel Odent, *The Caesarean*, Londres, Free Association Books, 2004.
6. Nancy Wainer Cohen y Lois Estner, *Silent Knife*, Connecticut, Bergin Garvey, 1983.
7. *Ibíd.*
8. *Op. cit.* Odent, Michel. 2004.
9. Michel Odent, *La cientificación del amor*, Buenos Aires, Editorial Creavida.

Webs

- Foro Apoyo cesáreas: www.elistas.net/lista/apoyocesareas
- Asociación El Parto es Nuestro: www.elpartoesnuestro.org
- ICAN: Red internacional de concienzación sobre las cesáreas: www.ican-online.org
- Birthlove: www.birthlove.org
- Birthrites: www.birthrites.org

2

Cesárea: cómo, cuándo, por qué

La cesárea es siempre un sacrificio. Supuestamente, se secciona a la madre para salvar la vida de su hijo o la suya propia. Eso, al menos, es lo que nos cuentan, lo que pensamos la mayoría en el momento de oír la sentencia: «cesárea». Todas las embarazadas saben lo que significa esa palabra: harán un corte en el vientre de la madre para extraer al bebé, que no saldrá por la vagina. Así es y así lo viven, en la mesa quirúrgica, con los brazos en cruz y en absoluta soledad, ya que en la mayoría de los casos no se permite el acceso de ningún familiar al quirófano.

¿Tiene sentido dicha prohibición? ¿Por qué se acepta que el padre pueda acompañar a la madre en el parto vaginal pero no en la cesárea? Los médicos argumentan que es una intervención quirúrgica y que la presencia del padre u otra persona podría entorpecer la operación. ¿Es eso cierto? Efectivamente, la cesárea es cirugía mayor abdominal, pero *además* es el nacimiento de un ser humano y el primer encuentro con su madre. Si ella no puede coger en brazos a su bebé inmediatamente, ¿no es ese el motivo más importante para que un ser cercano pueda acompañarle? ¿Acaso no necesita la madre a alguien que la acompañe, que la serene, que le explique, que pueda sostener al recién nacido?

¿Y el bebé? Si por algún motivo su madre no puede estar despierta durante la cesárea, no necesitará a su padre o abuela junto a él, dándole un abrazo, dándole la bienvenida, diciéndole cuánto lo quiere su madre y su familia? El recién nacido tiene derecho a ser recibido por sus seres queridos y a permanecer junto a ellos. Los bebés son conscientes en todo momento de lo que sucede a su alrededor: necesitan que alguien les explique lo que pasa, y si la madre no puede hacerlo, es indispensable que sea el padre u otro familiar quien les dé el recibimiento merecido, lleno de amor.

Para muchas madres que pasaron por una cesárea con anestesia general, el no tener ninguna imagen ni recuerdo de las primeras horas de vida de su bebé es una fuente de tristeza. La presencia del acompañante en el quirófano podría, en buen grado, ocupar ese vacío, incluso permitir que las madres que lo desearan tuvieran fotos o vídeos de sus hijos en los primeros momentos de vida.

El que la madre deba permanecer sola durante la cesárea no es en absoluto imprescindible, sino más bien lo contrario. Si los ginecólogos les preguntaran si desean estar solas en el quirófano o acompañadas de un ser querido, probablemente, casi ninguna madre optaría por la soledad. En algunas clínicas, no se pone ninguna objeción a la presencia de un acompañante, generalmente el padre, en el quirófano. La experiencia demuestra que no es necesaria ninguna preparación previa. El padre o familiar, con bata de quirófano, se sienta junto a la madre para apoyarla, tranquilizarla, vivir juntos el nacimiento del bebé y acogerlo en sus brazos lo más pronto posible. Ni observa la intervención ni estorba a los cirujanos.

Veamos lo que sucede en realidad durante la cesárea habitual, para entender por qué es aconsejable que la madre permanezca acompañada.

Anatomía de la cesárea

Cuando se realiza una cesárea, los preparativos básicos, la administración de la anestesia y la preparación de médicos y quirófano consumen entre quince y treinta minutos antes de que empiece la operación.

A la mujer se le pone un gotero, es decir, una vía venosa por donde se administran líquidos (sueros) para equilibrar la tensión arterial (ya que la anestesia epidural baja la tensión de la sangre). Se rasura la zona alta del vello púbico y se limpia la piel del abdomen. Luego, se pone una sonda en la vejiga para mantenerla vacía de orina; esta se suele poner una vez que ya ha hecho efecto la anestesia epidural (o peridural), pues así no molesta.

La llamada popularmente *anestesia epidural* ha sido una gran innovación para la experiencia de la cesárea. Con la epidural, el bebé no sufre los efectos de la anestesia, ya que el medicamento se introduce directamente en el espacio que rodea la médula espinal de la madre, que es por donde van los nervios que llevan la sensibilidad. El fármaco actúa directamente sobre los nervios, sin llegar a pasar a la sangre de la madre, y, por lo tanto, tampoco al bebé. Así, la madre puede ver el nacimiento de su hijo, compartiéndolo con su pareja. Para poner la anestesia, el médico suele pedir a la mujer que se ponga en posición fetal, es decir, con las rodillas a la altura del pecho, para favorecer la extensión de la columna vertebral.

Existen dos variaciones de este tipo de anestesia:

- La anestesia raquídea es una dosis única, de efecto casi instantáneo y unas 2-3 horas de duración. Se pone en el momento de la cesárea.
- La anestesia peridural es la que se usa durante el trabajo de parto. A través de un tubito metido en la espalda, la anestesia entra en poca cantidad y de forma continua. Quita el dolor pero no produce una anestesia profunda,

y puede durar horas y horas. Si se decide realizar una cesárea, se inyecta por el tubito más anestesia y se hace la cesárea.

Realmente, debería utilizarse anestesia general en las cesáreas en muy pocas ocasiones: ante problemas importantes en la columna lumbar de la mujer y en raros casos de urgencia vital para el bebé. También, por petición materna, aunque no es frecuente.

Una vez que la anestesia ha hecho efecto, se da paso a la cirugía propiamente dicha. El corte que se realiza en la piel del abdomen es habitualmente transversal (horizontal), en el borde superior del vello púbico (es lo que se llama *incisión de Pfannenstiel*). En raras ocasiones, se hace necesario practicar una incisión longitudinal (vertical), es decir, del ombligo al pubis.

Sea cual sea el corte de la piel, los pasos siguientes son similares. Tras separar la grasa, se secciona en sentido transversal la aponeurosis, que es una fuerte capa que sujeta los músculos abdominales y la presión de los intestinos. Los músculos abdominales se separan, no se cortan. El peritoneo, una fina bolsa donde se acumulan los órganos abdominales, se desgarra suavemente con los dedos (en vez de cortarlo con tijeras como se hacía hasta hace poco). Así, se accede al útero. El útero se abre con un corte transversal por la zona llamada *segmento*, que está entre el cuello y el cuerpo del útero.

En el parto, con las primeras contracciones, se va estirando el músculo entre el cuello del útero y el resto y se configura esta zona. Pero el segmento no se forma si el útero no tiene contracciones de parto durante algún tiempo. Como es una zona muy fina, porque el tejido está muy estirado, practicar la cesárea en el segmento uterino asegura un sangrado menor durante la cesárea y facilita un parto vaginal en el futuro. (En las cesáreas electivas, el útero no tiene segmento.) Salvo en casos aislados que lo hacen imposible, siempre se realiza este corte uterino —se llama *histerotomía segmentaria transversa*— ya que es el más seguro y el que más facilita un posible parto vaginal después de una cesárea. (Diferente es la microcesárea en fetos de 5-6 meses, donde se realiza una pequeña incisión longitudinal alta en el cuerpo uterino). Tras abrir el útero, se saca al bebé y, estando este en buen estado de salud como ocurre con frecuencia, se le enseña a su madre por encima de los paños quirúrgicos que la aíslan de su cesárea, aprovechando que «disfruta» de anestesia epidural. Tras verificar el bienestar del bebé, si el padre está presente en el quirófano junto a la madre, sostiene al bebé en sus brazos y juntos lo reconocen y le dan la bienvenida, mientras los médicos terminan la cesárea.

A continuación, se corta el cordón umbilical y se extrae la placenta manualmente. Algunos ginecólogos prefieren esperar a que se desprenda espontáneamente, ya que esto parece tener ventajas para la madre y el bebé[1].

El útero se cose con un hilo que se reabsorbe en unos cuarenta días. Hasta hace unos años, el peritoneo también se cosía con otro hilo igual, pero se ha descubierto que el peritoneo no se «pega», sino que vuelve a desarrollarse y que es mejor no coserlo. Así, se simplifica la cesárea y se evitan frecuentes problemas urinarios posteriores, producidos por subir mucho la vejiga cuando se cosía el peritoneo.

Luego, se sutura la aponeurosis, encima de los músculos que vuelven a su sitio, con otro hilo similar. No coser la grasa mejora la estética final.

En pocos minutos, se cose la herida de la piel con grapas o con un hilo de nailon, que deja la cicatriz más fina y homogénea. Se retira días después.

Desde que se empieza a cortar el vientre hasta la sutura final, transcurren entre cuarenta minutos y una hora si no hay incidencias. En la mayoría de las cesáreas en las que madre y bebé están en buen estado, podrían ir juntos desde el quirófano a la habitación e iniciar la lactancia en la primera hora de vida del bebé, igual que en el parto vaginal. Si esto no sucede en la mayoría de hospitales y clínicas es por protocolos caducos que no se basan en la evidencia científica.

El efecto de la anestesia se va pasando en una o dos horas. Después, se ponen calmantes (analgésicos) en el suero, periódicamente. El gotero de suero se puede quitar a las 8-12 horas, del mismo modo que la sonda de la vejiga; así, se evitan infecciones urinarias. Se puede iniciar la ingesta de líquidos a partir de las cuatro horas de la intervención. Los analgésicos son medicamentos que calman el dolor y se toman por vía oral. No está demostrado que la administración preventiva de antibióticos en todas las cesáreas produzca resultados más favorables. Su administración debería estar muy justificada.

La cesárea así contada no parece tan dramática, pero lo cierto es que tiene sus riesgos y, por lo tanto, como toda intervención quirúrgica, sólo debería realizarse cuando los beneficios superan a los peligros de la misma; es decir, siempre que continuar el embarazo o dejar que el parto prosiga sea más arriesgado para el bebé o su madre, que realizar la cesárea. Por eso, antes de cada cesárea, la mujer y su pareja deben ser informados, con el máximo detalle, de los riesgos y las ventajas que se derivan de cada posibilidad: continuar el parto o realizar la cesárea. Con la información en la mano, debería ser la madre la que decidiera. Eso es lo que se conoce como *consentimiento informado*.

En algunas ocasiones, pocas afortunadamente, una verdadera y grave urgencia médica motiva que sea el médico quien decida realizar la cesárea de manera urgentísima. Sin embargo, en otras ocasiones, no existe tal situación y se presiona a la madre con que, si no consiente la cesárea de inmediato, su bebé o ella morirán o sufrirán graves secuelas.

¿Y cuáles son los riesgos? Por lo general, los riesgos de la cesárea se suelen clasificar en dos grupos: los peligros para la salud de la madre y los que amenazan la del bebé. Dicha clasificación no deja de ser bastante arbitraria: después de nueve meses de embarazo, madre e hijo siguen siendo una unidad o una simbiosis; está claro que todo lo que afecte a la madre afectará de una manera u otra a la salud del recién nacido, y viceversa.

No hay más que pensar en el efecto que tendría sobre la salud del bebé el fallecimiento de su madre durante la cesárea o, a la inversa, en cómo afecta al estado anímico de la madre el tener a su hijo hospitalizado en la UCI neonatal durante las semanas que siguen a su nacimiento.

Riesgos de la cesárea para la madre

Las cesáreas, como cualquier otra operación quirúrgica, son mucho más seguras en la actualidad que a principios del siglo XX; qué duda cabe. La mejora de las condiciones higiénicas, el desarrollo de nuevos fármacos anestésicos y de la cirugía, han mejorado espectacularmente la supervivencia en esta operación. Sin embargo, esta confianza en los avances de la medicina no debería impedirnos ver la realidad, y es que *el riesgo de muerte materna en la cesárea es de cuatro a seis veces mayor que en el parto vaginal*[2]. Este dato en sí mismo ya justificaría el intentar evitar todas las cesáreas innecesarias.

La mortalidad materna en la cesárea puede ser debida a complicaciones con la cesárea o la anestesia. Las más graves son las *hemorragias* que a veces obligan a extirpar el útero de la mujer (histerectomía) como única forma de detener el sangrado imparable y salvar su vida. Y las trombosis o *embolias* (coágulos de sangre que se trasladan a otros órganos del cuerpo, como los pulmones o el cerebro, y taponan las arterias o venas). No son complicaciones frecuentes, afortunadamente, pero sí muy graves. Además del riesgo de muerte materna, perder el útero o tener que permanecer ingresada en la UCI son situaciones dolorosas que pueden dificultar el inicio del vínculo con el bebé o la lactancia.

En la mayoría de casos, la pérdida de sangre no es grave, a pesar de que provoca una *anemia* que hace que la mujer se sienta débil y cansada durante los primeros meses. En ocasiones, es necesario realizar una transfusión de sangre (que también conlleva riesgos).

Otro problema serio son las *infecciones*: puede haber una infección del útero, de la vejiga, o de la herida y la piel que la rodea. También puede haber errores en la cesárea, es decir, en ocasiones se corta de manera accidental la vejiga o el intestino, que son los órganos que se encuentran pegados al útero, entonces, aumenta el riesgo de infección abdominal grave (peritonitis). En otros casos, y sin que se conozcan bien los motivos, después de la cirugía se produce una parálisis intestinal (íleo paralítico) que tambien puede ser grave.

Siempre que se realiza una cirugía abdominal, existe un alto riesgo de que se produzcan *adherencias*. Estas son una especie de cordones de tejido fibroso que fabrica el propio cuerpo después de la intervención al pegarse las superficies sangrantes que se han cortado y suturado a las paredes de los órganos vecinos.

Estas adherencias a veces no ocasionan ninguna molestia y la mujer ni siquiera sabe que las tiene. Pero en ocasiones, dan muchos problemas. Por ejemplo, a veces, entorpecen el tránsito intestinal y, por eso, algunas madres, meses después de su cesárea tienen los síntomas típicos del colon irritable: estreñimiento e hinchazón y dolor abdominal seguido de episodios de diarrea. Algunas veces las adherencias pueden incluso producir una obstrucción intestinal muchos años después de la cesárea. Lógicamente, cuantas más cesáreas ha sufrido una mujer, más propensa es a las adherencias y a que estas produzcan síntomas.

En otras ocasiones, las adherencias dificultan un nuevo embarazo, ya que pueden obstruir las trompas, o producir dolor en las relaciones sexuales e inflamación pélvica. Además, la cesárea condiciona el futuro reproductivo de la mujer. La cicatriz uterina aumenta el riesgo de complicaciones en los siguientes embarazos: desde los abortos espontáneos hasta la placenta previa (es decir, situada en la salida del útero), la placenta ácreta (con muchas raíces), los desprendimientos de placenta y el riesgo de rotura uterina (que comentamos detalladamente en el capítulo 7). El útero de una mujer queda afectado por la cesárea y, ahora, se sabe que, por desgracia, el riesgo de muerte fetal al final del siguiente embarazo tras una cesárea, se duplica[3].

Las *complicaciones de la anestesia* también son variadas. La primera de todas se suele obviar, y es que la anestesia a veces no produce efecto. Por increíble que parezca hemos escuchado numerosos testimonios de mujeres que relatan cómo se les hizo una cesárea mientras ellas gritaban aterradas que sentían todo el corte o se desmayaban de dolor, necesitando anestesia general suplementaria. Ésta es una experiencia muy traumatizante y que a veces produce un síndrome de estrés postraumático. Otras complicaciones de la anestesia pueden ser el espasmo bronquial, los dolores de cabeza que pueden seguir a la anestesia raquídea, y muy raramente, aunque gravísima, la reacción alérgica o *shock* por la anestesia.

El *sufrimiento psíquico* que origina la cesárea suele ser omitido en la mayoría de los trabajos que describen los riesgos de la intervención y de hecho casi nunca se menciona en el consentimiento informado. La cesárea aumenta el riesgo de sufrir depresión posparto y síndrome de estrés postraumático relacionado con el parto, como veremos al hablar de la herida emocional (capítulo 5). Estas dificultades emocionales también pueden dejar secuelas en la fertilidad.

Que cada hijo signifique un drama, porque la madre se figure que corre un riesgo elevado, causará un perjuicio en el equilibrio de la pareja. Es posible que aquí radique la causa de la frecuente esterilidad secundaria tras cesárea[4].

Riesgos de la cesárea para la salud del bebé

La intervención también conlleva una serie de riesgos para el bebé. La mortalidad perinatal en las cesáreas suele ser casi el doble que en los partos vaginales, aunque esto no se puede atribuir sólo a la cesárea: hay niños que ya estaban mal antes de la intervención y precisamente eso la motivó.

El paso por el canal del parto es algo muy saludable para todos los recién nacidos y no un capricho: conforme atraviesan el canal, los pulmones se comprimen y se libran de líquido, preparándose así para respirar por primera vez. Esta «puesta a punto» de los pulmones también ocurre en otros órganos del bebé durante el parto vaginal (cerebro, intestino...). Los niños que nacen por cesárea, en cambio, no reciben esa especie de masaje pulmonar y, por eso, con frecuencia, presentan el llamado *síndrome de distress respiratorio*: respiran más rápido y superficialmente, lo que hace necesario su ingreso en la UCI de neonatos para recibir oxígeno. Esto se produce con más frecuencia en las cesáreas programadas, en que no ha habido previamente contracciones de parto.

Otro problema con la cesárea es el riesgo de *prematuridad yatrogénica* (*yatrogénica* significa producida por la propia medicina), es decir, los riesgos que conlleva nacer antes de tiempo y, sobre todo, antes de estar preparado. Esto sucede cuando las cesáreas o las inducciones se programan. A veces, hay un error en la fecha probable de parto: se hace la cesárea en la semana treinta y ocho cuando en realidad el bebé tiene treinta y seis. En otras ocasiones, no es una equivocación; simplemente, es que la gestación humana a veces dura cuarenta y dos semanas o más, y si a uno de esos niños se lo saca antes de la semana treinta y siete, será prematuro. Incluso si lo extraen después, todavía puede ser inmaduro.

También, produce síntomas de prematuridad yatrogénica hacer una cesárea sin trabajo de parto a un bebé maduro, por la ya mencionada «puesta a punto». Pensar en el bebé debería ser el mayor motivo para evitar al máximo las cesáreas programadas: estas se suelen planificar en función de los médicos y no del bebé. Si se esperara a que se iniciara el parto y la cesárea fuera imprescindible, tal vez, tendría que hacerse a las tres de la madrugada, lo que podría resultar más incómodo para los profesionales. El bebé, sin embargo, saldría mucho mejor después de haber tenido unas cuantas contracciones de parto y de haberse preparado para nacer. Él mismo habría elegido su fecha de nacimiento y se evitaría el tener que ir a la UCI neonatal por problemas respiratorios.

Un peligro más frecuente de lo que se piensa es que el bebé sea cortado en la intervención. Se estima que esto sucede en torno al 2 por ciento de las cesáreas (o incluso más, si el bebé se encuentra de nalgas). Otro aspecto que cada vez merece más atención por parte de los investigadores es el de los microbios que entran en contacto con el bebé al nacer, y que son muy diferentes si nace vaginalmente (en este caso, son los microbios de la vagina y del periné de la madre) que si nace por cesárea (los primeros microbios serán los del aire del quirófano), y cómo esto parece influir en que los bebes nacidos por cesárea tengan más riesgo de sufrir alergias o asma[5].

Los investigadores en psicología perinatal han estudiado las repercusiones que tiene nacer por cesárea sobre el desarrollo psicológico del bebé. El trauma puede ser minimizado, explicando al bebé lo que sucede y permitiendo que esté con sus padres.

Una vez conocidos todos los riesgos de esta intervención, cabe hacerse la pregunta: *¿Cuándo es de verdad necesario hacer una cesárea?* He aquí uno de los debates más candentes de la medicina moderna. Porque si bien es verdad que las cesáreas son cada vez más seguras, también lo es que el parto vaginal hospitalario, con las prácticas rutinarias habituales, es cada vez más proclive a necesitar la cesárea. Cuanto menos se respeta la fisiología del parto —cuando se pone a las mujeres a parir acostadas, se les rompe la bolsa o se les administra oxitocina intravenosa de manera rutinaria—, más se pone en serio peligro la salud del niño y de la madre. Esta paradoja ha dado lugar a un incremento de las cesáreas, pero sobre todo de las *«innecesáreas»*: operaciones que no eran en absoluto indispensables o que se podrían haber evitado si el parto se hubiese atendido de otra manera.

Indicaciones de la cesárea

Las situaciones en que es *absolutamente necesario* hacer una cesárea son afortunadamente muy pocas:

- El *prolapso de cordón* se produce cuando el cordón umbilical aparece en la vagina antes que el bebé y la cabeza lo presiona, tanto como para que deje de pasar sangre por el cordón y el bebé no reciba oxígeno. Es muy poco frecuente, pero puede ocurrir en un parto si alguien, desde fuera, rompe la bolsa de aguas demasiado pronto. También puede suceder en partos prematuros o si el bebé trae los pies por delante. El prolapso es una indicación de cesárea urgente, y hasta que sea posible realizarla la madre debe permanecer "en cuatro patas".
- El *desprendimiento de placenta* se produce cuando, antes o durante el trabajo de parto, la placenta se suelta parcialmente, con hemorragia y evolución impredecible. La madre suele sentir un dolor abdominal intenso y la vida del bebé corre serio peligro si no se hace la cesárea en el menor tiempo posible.
- La *placenta previa* verdadera es una complicación que sólo se diagnostica al final del embarazo. Es relativamente normal que a mitad del embarazo algunas placentas estén bajas, pero se van alejando conforme avanzan las semanas. Por eso, sólo cabe hablar de placenta previa al final del embarazo, cuando la placenta está colocada en la salida del útero al cérvix y obstruye la salida del bebé. Es frecuente que la madre tenga un sangrado (más frecuente por la noche) que avise del problema.
- *Mal posicionamiento fetal.* En ocasiones, los bebés están colocados de manera que es imposible que salgan y no pueden cambiar de posición. Este caso se da cuando, una vez iniciado el parto, el bebé está en posición transversal o con presentación de cara.

- Cuando la madre tiene una *cardiopatía descompensada* u otras enfermedades graves. O si la madre ha fallecido.

Todas estas complicaciones son afortunadamente muy raras, y en total se producen en menos del cinco por ciento de los partos.

Existen otra serie de situaciones en las que *la indicación es relativa:*

Estenosis de la pelvis. La pelvis estrecha es muy poco frecuente, pero puede darse en madres que tuvieron raquitismo u otras malformaciones en la infancia. Sin embargo el diagnóstico de «desproporción cefalopélvica» o, lo que es lo mismo, aducir que la pelvis es demasiado estrecha es un argumento usado con alarmante frecuencia para justificar cesáreas cuando el bebé no descendía «correctamente». Es necesario recordar que numerosos estudios han demostrado que poner a las mujeres a parir acostadas o con las piernas en alto no sólo es absurdo, sino que también es peligroso, ya que favorece que los bebés se atasquen y no bajen. ¿Cómo se puede pretender que el bebé salga en contra de la fuerza de la gravedad? Por el contrario, si la mujer está en cuclillas, la apertura de la pelvis aumenta en un 30 por ciento. La rotura artificial de la bolsa de aguas o la administración de oxitocina intravenosa estando la madre acostada también favorecen que los bebés no bajen.

En realidad, si se respetara el parto y se permitiera la expresión del reflejo de eyección fetal, tener que hacer una cesárea por «pelvis estrecha» sería algo excepcional. Aunque la pelvis está formada por tres huesos, los cartílagos que la unen se ablandan enormemente por efecto de las hormonas del parto; por lo tanto, pretender medir la pelvis antes del parto sirve de muy poco o de nada.

Las mujeres que creen tener la pelvis estrecha deberían iniciar el parto de manera espontánea y, según su evolución, decidir si es indispensable una cesárea. En todo caso, el bebé aprovechará esas contracciones para revitalizar la función de sus órganos, principalmente los pulmones.

En realidad, muchos casos que se valoran como desproporciones pélvicas se producen por presentaciones cefálicas desfavorables, con frecuencia causadas por la rotura precoz de la bolsa, el uso indiscriminado de oxitocina y la obligación de parir tumbada.

De hecho, hay mujeres con cesáreas efectuadas por supuesta desproporción pélvica que después tienen un parto vaginal con bebés incluso de mayor peso.

Presentaciones fetales desfavorables. El bebé en vez de tener la cabeza flexionada y presentar la coronilla (el menor diámetro) la tiene más deflexionada o ladeada, con mayor diámetro, dificultando su salida por el canal del parto. Con la cabeza más y más deflexionada, presentaría la frente o la cara, impidiéndose el parto vaginal. Igualmente ocurre si el bebé mira hacia el vientre materno en lugar de mirar hacia su espalda. Es lo que se llama *posición fetal posterior*, y provoca partos largos y difíciles.

Este aumento del diámetro de la cabeza por la deflexión es lo que produce una desproporción relativa con la pelvis materna; algo que no tiene por qué repetirse en siguientes embarazos.

Este problema se acentúa por nuestro estilo de vida sedentario, siempre sentados, en casa, en el coche, en la oficina… Para disminuir su incidencia, hay que caminar bastante a diario, nadar si es posible, bailar, practicar la danza del vientre… y en las últimas semanas practicar «la postura del gato» (de rodillas en cuatro patas) con frecuencia.

La práctica médica habitual de romper artificialmente la bolsa del líquido amniótico, al principio del trabajo de parto, puede favorecer las malas presentaciones cefálicas, causantes de muchas cesáreas.

Presentación de nalgas. En los últimos años, se ha promovido la realización de cesárea electiva en los partos de nalgas, sobre todo en mujeres primíparas. Esta decisión de carácter extramédico tiene su origen en dos razones: la falta de formación de los obstetras en la atención al parto de nalgas, y la práctica de la medicina defensiva que tiende a un excesivo intervencionismo.

Los estudios médicos muestran que, ante un parto con presentación de nalgas con indicadores favorables —cabeza fetal flexionada, peso fetal equilibrado y pelvis materna normal—, se puede esperar un parto normal. Si el parto se inicia de forma espontánea, la dilatación progresa con agilidad y sin medicalización (ni oxitocina ni anestesia epidural) y el período expulsivo muestra un descenso fetal progresivo, el resultado del parto es tan favorable como un parto de cabeza.

Para disminuir las posibilidades de que el bebé esté de nalgas, hay que actuar a partir de la semana treinta o treinta y dos, con masajes, gimnasia o acupuntura. Los masajes para realizar una versión externa debe realizarlos un experto —ginecólogo o comadrona—, con control fetal. La gimnasia, de rodillas con las nalgas situadas más altas que los hombros, para facilitar la movilidad del bebé, pues el útero es como un embudo, debe practicarse también tras la aplicación de acupuntura.

En cuanto a la acupuntura, se practica con calor (una variante llamada moxibustión) y puede aplicársela la misma embarazada. Con la brasa de un cigarrillo, de artemisa, pero también de tabaco, se aplica calor en el ángulo externo del nacimiento de la uña del dedo meñique del pie; en ambos pies, cinco minutos en cada uno, una vez al día hasta que se dé la vuelta. Conviene realizarlo en momentos de tranquilidad para que el útero esté relajado.

Las cesáreas por presentación de nalgas representan el 10-15 por ciento de todas las cesáreas.

Tumores que obstaculizan el paso del bebé. Generalmente, son miomas uterinos en el cuello del útero o en el segmento uterino. Rara vez se tratan de quistes sólidos ováricos. Estos son muy poco frecuentes.

Respecto a la conización del cérvix uterino (extirpación de una parte del cuello del útero por una lesión precancerosa antes del embarazo), no tiene por qué dar problemas de dilatación en el parto. En cualquier caso, la valoración se hará durante el proceso de dilatación, no antes de iniciar el parto.

Estancamiento de la dilatación. Puede darse el caso de que a una madre se le diga que la dilatación del cuello uterino se ha estancado y que el parto no progresa. Existen motivos muy distintos por lo que esto puede llegar a ocurrir.

Uno de ellos es que la cabeza del bebé no descienda dentro de la pelvis, y al no apoyarse en el cérvix, éste no se dilate más. Habitualmente, es por una mala posición de la cabeza —la deflexión de que hemos hablado antes—; pocas veces es por una estrechez pélvica absoluta.

Otro motivo es que el cérvix esté duro y con edema. Esto se produce con frecuencia por una estimulación excesiva con oxitocina.

De forma recurrente, el miedo, la tensión ambiental, la soledad que la mujer siente, el sentirse observada continuamente por el personal sanitario, todo esto hace que se inhiba el parto, el cuerpo se bloquee y la dilatación se estanque. Es conocido que en estas circunstancias, si la mujer se queda sola un buen rato, sin observadores ni presión externa, dilata fácilmente. Normalmente esto ocurre en el cuarto de baño.

A veces, el estancamiento de la dilatación se produce por ausencia de contracciones uterinas eficaces, es decir, las contracciones son débiles para avanzar el parto.

En cualquiera de estas circunstancias, si el bebé se encuentra bien, puede estar indicado el uso terapéutico de la anestesia epidural junto a la estimulación con oxitocina. De esta manera, la anestesia relaja el cérvix uterino y los músculos pélvicos y vaginales; mientras que la oxitocina optimiza las contracciones. Con esta actitud terapéutica y paciencia, se pueden evitar muchas cesáreas.

Pérdida de bienestar fetal. Antes se llamaba *sufrimiento fetal*. El bebé, en el transcurso del trabajo de parto, muestra en el monitor fetal signos de incomodidad, que se mantienen y acentúan con el tiempo, y en los que se valora una pérdida progresiva de su capacidad de recuperación.

La estimulación del parto con oxitocina, al producir contracciones más frecuentes y más intensas que las que produce el útero espontáneamente, puede producir o acentuar la pérdida de bienestar fetal. Por eso, la estimulación con oxitocina debería hacerse sólo por motivos necesarios y no para acelerar los partos de forma sistemática.

Se sabe, por otro lado, que los bebés ya están muy desarrollados emocional y psicológicamente, y reaccionan estrechamente a las emociones maternas. Y pueden tener miedo, provocándoles molestias. Por eso, es bueno que las madres hablen con ellos durante el parto y los tranquilicen, calmándose ellas también.

Asimismo, permanecer tumbada durante todo el proceso de la dilatación favorece la presencia de signos de sufrimiento fetal. De hecho, los protocolos del parto normal de la OMS, según las evidencias científicas, señalan que «permanecer en decúbito supino (tumbada) de rutina durante la dilatación y el parto, son prácticas claramente perjudiciales e ineficaces que deberían ser eliminadas».

Las cesáreas que se realizan por este motivo son el 10-15 por ciento de todas las cesáreas.

Cesárea anterior. El 25-30 por ciento de las intervenciones que se practican ocurren por esta razón. Es decir, una de cada cuatro cesáreas se hace por haber sufrido otra antes.

Este número de cesáreas se puede disminuir, actuando en dos niveles. El primero, disminuir primeras cesáreas, evitando la inducción y la medicalización innecesarias del parto, y promoviendo el parto espontáneo. Y el segundo, promoviendo el PVDC (parto vaginal después de cesárea) en más del 70 por ciento de las cesáreas anteriores, según las experiencias médicas internacionales.

Otras situaciones relativas pueden ser:

Embarazos gemelares o múltiples. Depende de la madurez fetal y de la posición de los bebés. En los Países Bajos, sólo el 14 por ciento de los gemelos nace por cesárea; en España, es el 50 por ciento.

Eclampsia. Durante el embarazo, si la función renal materna se altera, se presenta tensión arterial elevada, proteínas en la orina, edemas en el cuerpo y si el cuadro se descompensa, se practica una cesárea urgente.

La *cirugía uterina anterior* raramente es indicación de cesárea. Se sabe que es más seguro intentar el parto vaginal después de una o más cesáreas, que programar una cesárea por este motivo (en el capítulo 7, se detalla este aspecto).

La *infección por herpes genital* es una indicación de cesárea si la madre presenta un brote activo en el momento del parto, situación relativamente excepcional.

Si la madre tiene una *infección por VIH*, la cesárea puede minimizar las posibilidades de contagio maternofetal.

La *tocofobia* o miedo profundo al parto. Algunas mujeres expresan un miedo intenso al parto. En ocasiones, este está relacionado con alguna herida profunda en la sexualidad de la mujer (como las derivadas de experiencias de abuso previas). Otras mujeres han perdido un hijo al final del embarazo o en un parto vaginal y desean que se les haga una cesárea puesto que la perciben como más segura. Pero los miedos no deberían tratarse con la cirugía, sino con psicoterapia. Tener un espacio donde poder hablar de estos miedos, ir desmontándolos y comprender que un parto vaginal es más seguro que una cesárea, la mayoría de las veces, permitiría evitar estas operaciones.

Por último, la categoría de *falsas indicaciones para cesárea*, y que incluyen motivos por los que, por desgracia, más de una mujer ha sido sometida a una intervención: miopía, edad materna, tamaño fetal estimado por ecografía en primíparas, para evitar el daño del suelo pélvico...

Notas

1. C. Wilkinson y M. W. Enkin, «Manual Removal Of Placenta At Caesarean Section» (Cochrane Review), en *The Cochrane Library*, 1, 2002. Oxford, Update Software.
2. Margaret Harper, MD y otros, «Pregnancy-related Death and Health Care Services», *Obst. & Gyn.*, August 2003, 102(2): 273-278; y N. L. González González, «Complicaciones de la cesárea», en *Manual de asistencia al parto y puerperio patológicos*, Grupo de trabajo sobre asistencia al parto y puerperio patológicos, Sección de Medicina Perinatal de la SEGO, Zaragoza, 1999.
3. J. J. Kurinczuk, R. Gray y P. Brocklehurst, «Risk of Stillbirth After Previous Caesarean Section», *Lancet*, Jan 31; 363(9406), 2004: 402.
4. Dexeus, *Tratado de obstetricia*, Barcelona, Editorial Masson, 1988.
5. M. Odent, «Entering the World of Microbes», En *The Caesarean*, Londres, Free Association Books, 2004.

3
Recuperación física de la cesárea

La cesárea es cirugía mayor, comparable a una intervención de apendicitis (de hecho, la incisión de la cesárea es más larga) o de vesícula. Sin embargo, el propio término *cesárea* favorece la trivialización de la cirugía: «hacer una cesárea» suena mucho menos dramático que decir «han tenido que operar para sacar al bebé» o «ha tenido que pasar por una cirugía mayor abdominal para dar a luz». Además, la cesárea es la única situación en la que una paciente recién operada tiene que ocuparse de un recién nacido en las horas inmediatas a la intervención.

En algunas sociedades, la tradición favorece que las madres puérperas permanezcan en un estado de semirreposo durante las semanas que siguen al nacimiento. La madre de la parturienta y otras mujeres de la comunidad se ocupan de los quehaceres domésticos para que ella pueda dedicarse exclusivamente a criar al bebé. Se respeta la importancia de estas primeras semanas de vida del niño, y se sabe que para que el vínculo se establezca sólidamente y la lactancia funcione sin problemas, madre y bebé necesitan estar piel con piel la mayor parte del tiempo.

Por el contrario, en nuestra sociedad, las tradiciones han dado paso a nuevas costumbres que poco o nada favorecen la vivencia de la maternidad. Muchas mujeres tienen a sus hijos lejos de la familia de origen y apenas cuentan con el apoyo de otras mujeres. Incluso cuando se reside cerca de la familia, a menudo, la madre se agobia pensando en limpiar y arreglar toda la casa para que reluzca cuando lleguen los abuelos o los amigos. Visitas en las que contemplarán al bebé y probablemente preguntarán si es bueno o no. La supuesta «bondad» del bebé suele venir marcada por dos criterios: el número de horas que duerme de un tirón y si es capaz de permanecer sin llorar durante largos períodos de tiempo sin que lo tengan en brazos. Por lo demás, el omnipresente mito de la belleza también persigue a las nuevas madres. En las revistas especializadas en bebés, nunca faltan los artículos sobre «cómo recuperar tu silueta mientras juegas con tu bebé»; igual que en los programas de televisión se elogia la rapidez con que la famosa de turno ha recuperado su delgadez después de dar a luz. «Ser madre es lo más maravilloso que me ha sucedido en la vida» es un frase habitual en las portadas de la revistas del corazón y probablemente sea cierto. Pero eso no impide que las primeras semanas o meses después del parto puedan estar repletas de momentos agobiantes o simplemente no se parezcan en nada a la visión endulzada de la maternidad que se ve en los medios de comunicación.

Las mujeres que nos hemos estrenado como madres en el quirófano, con una cesárea, nos enfrentamos a este panorama con una dificultad añadida: la operación no deja de ser algo bastante debilitante y el entorno, a menudo, no percibe la peculiaridad de tu recuperación.

Después de la cesárea, se necesita reposo y mucha tranquilidad. La recuperación puede ser muy distinta de una mujer a otra, incluso una misma madre que ha sufrido varias cesáreas puede contar lo diferentes que fueron los pospartos. Lógicamente, el estado de salud de la madre previo al embarazo y al parto influye bastante. Del mismo modo, el cómo se realizó la cesárea y la presencia o no de complicaciones posteriores marcarán en gran medida el ritmo de la recuperación. Algunas mujeres se reponen físicamente enseguida; otras pueden tardar varias semanas o meses. El problema es que no se puede saber con antelación en qué categoría estará cada madre, si se recuperará pronto o si el dolor y otras molestias durarán meses o años. Por eso, y porque se trata de unas semanas preciosas en la vida del bebé y de la familia, es preferible ir despacio y tomarse en serio la necesidad de recuperarse de la intervención.

En cualquier caso, hay que saber tomárselo con calma y evitar las dichosas comparaciones. En realidad, lo único que necesita el bebé es el pecho y que estés descansada, así que todo lo demás se puede postergar hasta otro momento. Las primeras semanas de vida son un período valioso y crucial para el desarrollo afectivo de tu bebé: no te ocupes de nada que no sea tu recuperación y tu hijo. Incluso si te encuentras muy bien, te conviene ir despacio: a veces, la euforia de sentirse bien hace que uno aproveche para solucionar todo lo que tenía pendiente, con el bebé a cuestas, y es muy frecuente que después de un día bueno vengan dos o tres días de enorme cansancio. Con el mito prevalente de *superwoman*, a muchas mujeres nos cuesta parar cuando estamos cansadas o permitirnos estar unos días sin hacer prácticamente nada más que reposar en la cama, contemplando al bebé o dormitando entre las tomas. Por eso, es importante que el entorno entienda la ayuda que la madre necesita y que ésta sepa pedirla y la acepte. No hay que tener ninguna prisa; escuchando al cuerpo y dándole tiempo, probablemente volverá a funcionar como antes. La mayoría de las mujeres llegan a sentirse físicamente recuperadas de la cesárea unas seis semanas después del parto, pero esto no es ninguna regla matemática; también hay quien tarda seis meses.

La estancia en el hospital

Los cuidados que el hospital facilita después de la cesárea varían mucho de un centro a otro. Algunas circunstancias, como que la planta de obstetricia esté llena o que haya menos personal de enfermería del necesario, pueden hacer que los cuidados no sean óptimos. A esto hay que añadir la filosofía propia de cada hospital o del servicio de obstetricia. En algunos lugares, el personal lleva años trabajando por la humanización de los cuidados a las madres y a los niños; en otros, todavía se olvida que el posparto es un período muy especial en la vida de la mujer y de su bebé, y el trato que esta recibe apenas difiere del que se da al resto de enfermos, es decir, no se respeta la unidad familiar, madre y bebé tienen que permanecer separados salvo por unos horarios más o menos estrictos, no se permite que el padre se quede durante la noche en el hospital, etcétera. Igual que la lactancia se puede iniciar en la primera hora tras la cesárea (salvo que una urgencia médica lo impida, cosa bastante excepcional) no hay ningún motivo para que los recién nacidos por cesárea deban permanecer separados de sus madres y padres rutinariamente.

Es importante que el posparto sea atendido por personas conocedoras de los secretos de la lactancia, de la puericultura del bebé y del proceso materno del posparto. Deben ser receptivas a los llamados de las madres para potenciar el vínculo materno-infantil. Esto resulta fundamental en el caso de las cesáreas.

Pero sean cuales fueren las rutinas del hospital o la clínica donde se ha realizado la cesárea, siempre se pueden solicitar (verbalmente y por escrito, suele ser más efectivo) una serie de medidas que facilitarán la recuperación de la madre. Si estas medidas no son fáciles de conseguir, también, se puede acudir al servicio de atención al paciente o solicitarlo directamente al jefe de servicio.

En realidad, *si te han hecho una cesárea, no deberías quedarte sola* en ningún momento durante los primeros días. Por muy bien que te encuentres, necesitarás ayuda para moverte, para ir al baño, para coger al bebé o, simplemente, para responder las llamadas telefónicas. La noche es un momento especialmente delicado: es cuando más cansada está la madre y cuando más suele llorar el bebé.

No hay motivo por el que tengan que separarte de tu bebé rutinariamente. Si bien es cierto que como madre convaleciente necesitas descansar, si el padre u otro familiar permanecen contigo y con tu bebé en la habitación, podrán cambiarle el pañal, acunarlo después de las tomas o ayudarle a que eructe. O tenerlo en brazos durante largos ratos y acariciarlo: el sitio donde mejor está el recién nacido es en brazos de un ser muy querido. Así, tú podrás descansar entre las tomas. Muchas madres prefieren dormir con el bebé a su lado y, de esta manera, consiguen un doble beneficio: el bebé puede alimentarse cuando quiera y ellas reposan a la vez que amamantan.

Madre y niño deben permanecer juntos y bien acompañados, pero es importante y necesario *limitar las visitas*. Cuando alguien está convaleciente de una cirugía mayor, no necesita tener a seis personas en la habitación, hablando entre sí. Muchas madres cuentan cómo sienten que deben permitir las visitas porque toda la familia desea conocer al bebé, pero su estado anímico puede cambiar imprevisiblemente a lo largo del día: a la mañana, están llenas de energía y a media tarde, sólo desean llorar debajo de las sábanas. Por eso, conviene restringirlas al máximo; al resto de la familia y amigos se les pueden enseñar fotos o vídeos y explicarles que el momento en que conocerán al bebé será un día muy especial para todos, por lo que la madre desea posponerlo hasta que se encuentre más recuperada.

Procura descansar todo lo posible y siempre que el bebé duerma. Este descanso es prioritario. El número de horas que se duerme en los días del posparto es un factor predictor de la depresión posparto: cuanto más duermas, menos decaerá tu ánimo. Aunque sean ratos cortos, las pequeñas siestas a lo largo de todo el día agilizarán tu mejoría. Esta es una de las principales tareas del acompañante: evitar que se interrumpa el sueño de la madre con llamadas telefónicas, visitas, etcétera.

La verdad es que las madres de hoy en día muchas veces tenemos dificultades para pedir ayuda. Acostumbradas a una vida independiente y liberada en la que nosotras mismas resolvemos todos nuestros problemas, no solemos aceptar el reposo y nos cuesta asimilar que podemos llamar a la enfermera en cualquier momento: tememos parecer pesadas o molestar y sobrecargar a los profesionales con nuestras peticiones. A veces, se nos olvida que el personal médico está para atender a la madre y al niño. Pero en los primeros días después de la cesárea, y más siendo primeriza, es conveniente tener siempre a mano el timbre para llamar a las enfermeras y consultar cualquier duda por pequeña que sea.

Uno de los puntos más importantes es recordar que la evolución de la cesárea es mucho más favorable si el dolor se trata convenientemente. *Hay que tomar los calmantes que sean necesarios,* el dolor posquirúrgico es real, no es ninguna imaginación ni síntoma de debilidad. No hay que temer dañar al bebé por los calmantes en la leche: la gran mayoría de ellos no le afectarán en absoluto[1]. Por el contrario, el no tratar el dolor puede entorpecer considerablemente el inicio de la lactancia y la recuperación materna. Además, puede prevenirse teniendo cuidado con la postura: utilizando almohadas para apoyarse al girar, al sentarse, al toser o cuando se da el pecho. Pide ayuda también para moverte, sentarte o caminar.

Es aconsejable no permanecer demasiado tiempo en la misma postura y, sobre todo, evitar abusar de la cama. Conviene que te levantes con ayuda en las 24 horas siguientes a la cirugía (así se previene la formación de trombos en las venas que podrían provocar complicaciones serias). En una cesárea con evolución normal, la sonda vesical se puede retirar a las 8-12 horas, como mucho a las 24 horas, para evitar infecciones urinarias. Mientras tanto, hay que estar al tanto de la sonda, ya que a veces puede obstruirse y la retención de orina produce un dolor insoportable. Algunas mujeres notan cuando ya les han quitado la sonda que se les escapa la orina o incluso tienen una pérdida de sensibilidad; suele ser un efecto transitorio. Al día siguiente de la intervención, puedes ducharte incluso, si te apetece, acompañada. Después, te cambiarán el apósito de la herida y te pondrán un antiséptico. Es bueno dejar un tiempo la herida al aire para que esté bien seca. La ducha diaria levanta la autoestima, te hace sentir limpia y guapa. Prueba a pasear un poco por la habitación, sentarte en la silla y acostarte. Aumenta progresivamente el tiempo de paseo y de estar sentada. Para mantenerse de pie y pasear, hay quien recomienda el uso de una faja posparto (más que en un parto vaginal) que sujete firmemente la zona de la herida, y así disminuir el dolor al caminar, toser o reírte. Esto te puede permitir andar más derecha y sin sujetar la herida con las manos.

Algo que no se suele tener en cuenta en los partos, y por supuesto en las cesáreas, es que *la placenta* pertenece a la madre. En los partos en casa o en algunas maternidades, hay parteras que ofrecen a la madre recién parida la posibilidad de comer la placenta (cruda, en pequeños trozos o batida con zumo de naranja o papaya), por su efecto reconstituyente[2]. Esto raramente les ocurre a las madres que han pasado por una cesárea. Si así lo deseas, antes de la cesárea o en el mismo quirófano, puedes pedir que te guarden la placenta; bastará con que le pongan tu nombre y la metan en una nevera. Incluso si decides no tomar la placenta, puedes reclamarla por motivos de tipo sentimental; a muchas familias les gusta plantarla en su jardín o en un lugar especial. De hecho, en las culturas andinas, la placenta se devuelve a la madre tierra, la Pachamama, en señal de agradecimiento y celebración por la nueva vida recibida.

Algunas molestias habituales

El *estreñimiento* posterior a la cirugía suele ser una molestia frecuente tras la cesárea. Con la anestesia, epidural o raquídea, te pueden ir dando líquidos a partir de las 8-12 horas de la intervención. Primero, te suelen ofrecer un poquito de agua hasta estar seguros de que la toleras bien; luego, zumos o caldo. La dieta blanda, es decir, alimentos como el puré o el pollo hervido pueden empezar a tomarse a las 16-24 horas y la dieta normal, a las 36-48 horas. En algunas maternidades, tienen mecedoras en las habitaciones, pues es un complemento perfecto para la crianza. Es aconsejable utilizar una mecedora en cuanto puedas, para acelerar la recuperación y disminuir los gases. El gas distiende mucho el abdomen y el dolor puede ser bastante intenso. Las infusiones (como la manzanilla) y sobre todo el caminar, ayudan a eliminarlos. Si has defecado el día de la cesárea, es posible que esperen 72 horas para recomendarte un laxante tipo supositorio de glicerina. Más tarde, será peor. Este método se puede utilizar a diario para evitar inhibiciones y esfuerzos dolorosos.

Algunas mujeres tienen *picores* por todo el cuerpo que pueden ser muy molestos. Son producidos por los medicamentos derivados de opiáceos, utilizados en la anestesia de la cesárea. Normalmente, ceden al segundo o tercer día. Esta molestia no suele darse con la anestesia epidural. Unos días más tarde, también resulta incómodo el picor del vello púbico al crecer. Para evitarlo, antes de la cesárea, se puede pedir que el rasurado sea el mínimo posible.

La sudoración abundante y los escalofríos son normales en el posparto. Al igual que en el embarazo, en el posparto y primera lactancia, el cuerpo de la madre tiene más temperatura de lo habitual, sintiendo más sudoración. Esto se acentúa a las 48-72 horas del nacimiento, sea vaginal o por cesárea, cuando se produce la «subida de la leche»; entonces, la madre puede llegar a tener durante unas horas hasta 38 ºC.

La anestesia raquídea, una variante de la anestesia epidural, usada sólo para las cesáreas, puede producir *cefaleas*, a veces intensas, en los días posteriores a la cesárea. Esta dolencia mejora con analgésicos y reposo en posición horizontal.

La *duración de la estancia en el hospital* es variable. En la mayoría de los centros, se suele dar el alta cinco o seis días después de la cesárea. Si la recuperación evoluciona favorablemente, algunas madres se van al tercer o cuarto día de la intervención. Si te encuentras incómoda en el hospital y, sobre todo, si no te es posible dormir bien, puedes valorar pedir el alta a partir del tercer día. Si en tres o cuatro días la herida está bien, los cuidados son simples: agua y jabón una vez al día, herida bien seca y aireada, antiséptico no yodado (clorhexidina) y gasas de protección. Por el contrario, si el niño debe permanecer hospitalizado, puedes solicitar que te dejen ingresada más tiempo, ya que tener que venir de casa al hospital varias veces al día para ver a tu bebé o amamantarlo no facilitará en absoluto la recuperación de la cesárea.

Una vez en casa

La *ayuda doméstica es la mejor inversión para tu recuperación*: mejor que no te ocupes de nada. Tan sólo hay que saber pedir ayuda a la familia o amigos: que en vez de flores y bombones traigan comidas que puedan meterse en el congelador para los días siguientes, que hagan las compras o la sopa, que te den un masaje o que saquen al hijo mayor a pasear. Toda ayuda es poca.

Cuida sólo de ti misma y de tu bebé. No levantes nada más pesado que él. De todas maneras, no te castigues pensando que se te van a soltar los puntos de dentro ni de fuera, por moverte demasiado. El dolor que puedas sentir es una limitación suficiente ante la posibilidad de que «sufran» los puntos de la cicatriz. Prepara varios cambiadores para que te resulte fácil mantener limpio al bebé.

Revisa tu *cicatriz* a diario, o pide que alguien la controle. Si está más enrojecida o con síntomas de infección, consulta al médico. A veces, el cuerpo reacciona contra el tejido de sutura y aparecen una especie de granulomas; los puntos salen de adentro hacia fuera, pero esto no significa que la herida uterina no haya cicatrizado. Es habitual que la herida drene por algún punto un líquido claro, a veces, con sangre; es el suero acumulado bajo la piel y no es signo de infección. Con frecuencia, los bordes de la herida se endurecen; es normal. Un remedio muy eficaz e inocuo para facilitar la recuperación de la herida en estos casos es poner emplastos de arcilla sobre la herida, con una gasa protectora para facilitar su cambio cada 2-3 horas. Se sabe con certeza que la arcilla aplicada localmente tiene una potente acción antiséptica, antiinflamatoria y cicatrizante. Facilita el drenaje bajo la piel, mejorando la induración de la misma. En cuanto a la reacción granulomatosa a las suturas, se evita no dando puntos en el tejido subcutáneo (grasa). Los últimos estudios han demostrado que la mayoría de las veces son inútiles e incluso contraproducentes, además de estéticamente desaconsejados.

Come sano y bebe mucho líquido. La mejor manera de facilitar la cicatrización uterina es con una alimentación equilibrada en los días siguientes a la cesárea. Toma un suplemento de hierro por tu cuenta, biológico (no molesta al estómago) o de farmacia, durante tres o cuatro semanas. Procura tener una botella de agua junto a ti cuando vayas a dar de mamar, pues la sensación de sed es intensa e instantánea al tiempo de empezar; así te ahorrarás molestias y en la lactancia no siempre se bebe lo suficiente.

Aumenta la actividad poco a poco y sin prisa. Tomar un poco el sol, incluso en invierno, junto a la ventana, beneficia a la madre y al hijo. Al bebé le va muy bien que le dé la luz solar —nunca el sol directo— para metabolizar la bilirrubina que le llega a la piel y lo pone amarillento, durante unos días, tras el nacimiento. Este proceso, sin importancia médica salvo muy contadas ocasiones, se produce al destruirse los glóbulos rojos fetales que el bebé ya no necesita, y soltar bilirrubina como deshecho metabólico. Se pone al bebé en una habitación caldeada, junto a una ventana, sólo con el pañal para que la luz actúe sobre la superficie corporal.

Cuidados especiales

- *¿Hasta cuándo duran los loquios?* Despues de la cesárea, algunas mujeres pasan meses manchando. En la famosa «cuarentena», se sangra como en una regla; después, en menor cantidad, se mancha rojo o rojo-marrón durante un tiempo muy variable, y continúa con un flujo abundante amarillento, intercalado con rojo o marrón, de fuerte olor y de duración indefinida. Si la mujer presenta un buen estado general, sin fiebre ni dolor especial que no sea el posquirúrgico, aunque manche no debe sentirse enferma.

- *¿Cuándo puedo hacer abdominales, ir al gimnasio o llevar pesos?* Es favorable que lleves la faja posparto unas semanas, cuando camines o estés tiempo de pie. Disminuye las molestias, da más autonomía y ayuda a que los músculos abdominales vuelvan a su sitio después del embarazo. A las tres o cuatro semanas, se puede iniciar una gimnasia pasiva con el bebé sobre el vientre y contraer y relajar los abdominales contra el peso del bebé. Cuando te respondan sin dolor, puedes practicar bicicleta en el aire, tumbada en el suelo, de manera progresiva.

- *¿Se puede hacer algo para que la cicatriz quede casi invisible?* Algunas mujeres tienen propensión a que sus cicatrices sean grandes y gruesas, lo que se suele llamar *cicatriz hipertrófica* o, en los casos más serios, *queloides*, en los que además la cicatriz pica. Para prevenirlos, se aconseja utilizar siempre ropa interior de algodón. Se pueden aplicar sobre la cicatriz cremas tipo Hialuronidasa, Traumel (crema de silicio homeopática) o el aceite de rosa mosqueta. Hay algunos preparados de silicona en forma de gel que también se aplican sobre la cicatriz para prevenir los queloides. Aunque su formación es algo más o menos genético, también puede influir el tipo de sutura que se haga y el tipo de hilo que se use (la sutura intradérmica continua une los bordes homogéneamente y tal vez minimice esta tendencia). Aunque es bueno dejar la cicatriz al aire, hay que evitar que le dé el sol directo durante un año (para que no se oscurezca con la melanina).

- *¿Conviene hacer algo especial para prevenir las infecciones de orina?* Aunque parece que el estrés puede facilitar la cistitis (y tener un hijo reciente se considera una situación de estrés), no hay motivos para que durante la lactancia haya más infecciones de orina, sobre todo, cuando se acentúa la toma de líquidos para facilitar la lactancia. No obstante, aunque creas que bebes mucho, si la orina es de color intenso, bebe más agua; es la mejor manera de prevenir la cistitis. Incluso si aparecen indicios, refuerza la ingesta de líquidos, aplica calor local a la zona vesical y, si te duele, toma un analgésico tipo buscapina y espera un tiempo... antes de ir al médico y tomar antibióticos, la mayoría de las veces innecesarios.

- *¿Cuánto se aconseja esperar antes de retomar las relaciones sexuales?* Aunque en teoría todo esté bien, algunas mujeres sienten dolor al hacer el amor durante meses o años. El dolor puede tener un origen emocional, pero también físico: puede haber dolor en el orgasmo por la herida. La cicatriz del útero no suele doler al cabo de unas semanas; puede doler el empujón del útero en el coito tras el primer parto, sea vaginal o por cesárea, porque el útero se queda más móvil después del embarazo y la penetración, si lo empuja en exceso, produce incomodidad. Es posible también que las contracciones uterinas del orgasmo se sientan más intensas durante un tiempo. Las hormonas del ciclo sexual están disminuidas por efecto de la hormona prolactina de la lactancia: lo habitual es tener menos lubricación vaginal y menos deseo sexual coital. Tras la regla esta circunstancia se normaliza.

- *¿Qué método anticonceptivo es más aconsejable después de la cesárea?* Básicamente, el planteamiento es el mismo que después de un parto vaginal. Si la lactancia materna es exclusiva y a demanda, se considera que durante los tres primeros meses posparto existe una seguridad anticonceptiva del 98 por ciento (parecido al DIU), siempre que no haya retornado la regla. Es el llamado método MELA, método de lactancia amenorrea. Por otro lado, la imposición de un DIU (dispositivo intrauterino) puede hacerse a los dos meses y medio o tres meses de posparto tras una cesárea; es un método de acción local, sin efectos en la madre ni en la lactancia y asegura anticoncepción durante unos años. Actualmente, existe una píldora hormonal diaria que es compatible con la lactancia materna por no llevar estrógenos. También, produce sangrados irregulares en la mujer y otras alteraciones en su cuerpo. Los preservativos son autónomos, inocuos y, si se utilizan siempre y bien, son seguros. El diafragma, poco conocido en España por médicos y mujeres, es otro anticonceptivo de barrera de uso femenino, muy atractivo. De quita y pon, es reciclable y barato. Y, como se coloca antes del encuentro sexual, no «corta el rollo». El estándar médico recomienda esperar un año tras una cesárea para iniciar otro embarazo. Aunque ese lapso de tiempo no sea estricto, es importante considerarlo, no tanto porque haya peligro en quedarse embarazada, sino porque el primer año de vida de un niño requiere muchísima energía y entrega por parte de sus padres, y, especialmente, de la madre.

Notas

1. Para consultar el efecto de cualquier fármaco sobre la lactancia materna: www.e-lactancia.org
2. S. L. Sánchez Suárez, «Estudio bromatológico de la placenta humana», en *Revista Obstare*, 2005.

4

Lactancia después de la cesárea

Con la lactancia materna sucede algo similar a lo que acontece con el parto: a pesar de ser un maravilloso sistema para nutrir al bebé y ofrecer numerosas ventajas para la salud de la madre y del niño, su inicio y mantenimiento se ven seriamente amenazados por numerosos protocolos obsoletos y por consejos de supuestos expertos en la materia que no se basan en la evidencia científica. Aunque la mayoría de las embarazadas expresan su deseo de amamantar al bebé, el porcentaje de mujeres que consigue mantener una lactancia exclusiva los seis primeros meses, o combinada hasta los dos años de edad, tal y como aconseja la Organización Mundial de la Salud es mínimo, casi anecdótico. Y como sucede con el parto, se suele negar reiteradamente que la lactancia es una experiencia íntima y muy sensual que se establece entre dos personas, madre e hijo, y en la que los profesionales no deberían inmiscuirse salvo para facilitarla con la máxima humildad y respeto. Si a esto añadimos la desmesurada presión de la industria láctea por conseguir que las madres den el biberón a sus hijos a través de métodos cuestionables, resulta fácil entender que sean muchísimas las mujeres que abandonan la lactancia en los primeros días o semanas después del nacimiento, convencidas de que no tienen suficiente leche o de que su leche es de mala calidad. Muchas de ellas desconocen que, en realidad, su leche es perfecta y que para aumentar la producción bastaba con que en el hospital las hubieran animado a amamantar al bebé cada vez que lloraba, olvidándose del reloj, chupetes y biberones de suero glucosado; hubiera sido suficiente con que la madre compartiera la cama con el bebé y con que algún profesional se hubiera cerciorado de que su postura en el pecho era la correcta. En vez de eso, numerosas rutinas hospitalarias (retraso en la primera mamada, llevarse a los bebés al nido, darles biberones o chupetes, etc.) entorpecen el inicio de la lactancia. Prueba de ello es que todavía sean una minoría (menos de un 10 por ciento) los centros españoles que han logrado la acreditación de «Hospitales Amigos de los Niños» que otorga UNICEF a los sanatorios donde se ayuda a las madres a iniciar la lactancia. En algunos países nórdicos, por el contrario, el cien por cien de los hospitales poseen dicha acreditación. (En la tabla 1, pág. 96, se muestran los pasos de la IHAN.)

En este contexto, resulta fácil comprender que amamantar después de una cesárea sea como poco una ardua tarea, y en la mayoría de los casos una verdadera carrera de obstáculos con un final temprano y triste: una vez más, la madre siente que su cuerpo le ha fallado en algo para lo que en teoría estamos preparadas todas las mujeres. Así, a la experiencia del parto frustrado se añade la pena por no haber podido amamantar o, aún peor, sentirse culpable por no haber ofrecido a nuestros hijos «lo mejor: la leche materna». Como comentaba María, madre de gemelos nacidos por cesárea en la semana treinta y cuatro del embarazo:

> Lo peor, al menos para mí, es que tanto las enfermeras de planta como las de neonatología insistían en que tenía que dar leche. Y a mí no me subía. Ni siquiera me enseñaron a usar el sacaleches eléctrico. Y la pediatra, dale que dale con «es lo único que puedes hacer por tus hijos». Leche. Ni una gota fui capaz de darles. Los vi a las veintisiete horas de haber nacido.

Los toqué por primera vez cuando ya tenían tres días. Les vi los ojos a la semana de vida y los tomé en brazos a los doce días. Lo que una madre hace en los primeros segundos de vida de su hijo, a mí me llevó doce días. Bueno, diecinueve si tenemos en cuenta que, hasta entonces, no pude darles el biberón. Ahora, me planteo hasta qué punto fue necesaria mi operación... Quiero parir, quiero dar el pecho.

Es prácticamente imposible sacar adelante una lactancia en semejantes circunstancias. Por un lado, el hospital pone un obstáculo importante: se llevan a los recién nacidos a una sala aparte (neonatología) donde no se permite el acceso de la madre hasta pasadas ¡veintisiete horas! de la cesárea, sin dejar que ni siquiera los toque ni los coja en brazos... Por otra parte, le dicen a la madre que dé el pecho a sus bebés pero sin ofrecerle más apoyo, con lo cual el resultado final es desalentador: fracaso en la lactancia y una madre que encima se siente culpable.

Y sin embargo, María no tiene la culpa de no haber podido amamantar. Veamos cómo funciona la lactancia para comprender qué es lo que falla tantas veces y cómo conseguir que la lactancia sea placentera y no una carrera de obstáculos.

Las ventajas de la lactancia materna

Efectivamente, la lactancia materna es el alimento perfecto para los bebés. Su *composición* es inigualable, la leche materna es un alimento «vivo» y que cambia en función de lo que el bebé necesita; se sabe incluso que las madres que han tenido un bebé prematuro producen una leche especial para prematuros. La composición de la leche va cambiando a lo largo de cada toma (al principio tiene más agua y al final más grasa) y conforme crece el bebé. También, se sabe que a través de la leche, la madre pasa sus defensas al recién nacido. Por eso, los bebés amamantados están muy bien protegidos frente a las enfermedades infecciosas (diarreas, gripes, otitis, meningitis, etcétera). Además de calorías, defensas y vitaminas, la leche tiene unas sustancias de valor incalculable: los ácidos grasos que favorecen enormemente el desarrollo cerebral. Probablemente, la leche materna tenga otra cantidad de sustancias maravillosas que se irán descubriendo en los años venideros. Por el contrario, la lactancia artificial incrementa el riesgo de que el bebé padezca numerosas enfermedades (diarreas, infecciones respiratorias, otitis, bacteriemias, meningitis, botulismo, infecciones urinarias y enterocolitis necrotizante, síndrome de muerte súbita del lactante, diabetes de tipo I, enfermedad de Crohn, colitis ulcerosa, linfomas, enfermedades alérgicas y otros trastornos)[1]. La lactancia materna tiene muchas ventajas para la salud de la madre: disminuye la hemorragia posparto, favorece la pérdida del peso, una mejor remineralización ósea en el posparto, y reduce el riesgo de cáncer de ovario y de mama.

Estamos bastante acostumbrados a oír toda esa retahíla de efectos positivos de la lactancia. Sin embargo, tal vez el motivo más importante para recomendar la lactancia sea que *favorece el vínculo*, que es algo tan sencillo como decir que permite que el bebé crezca sintiéndose muy querido y feliz, lo que a la larga hará que sea un niño con una buena autoestima y confianza en sí mismo. Desde luego que esto también se puede conseguir sin lactancia materna, pero la lactancia materna lo facilita muchísimo. ¿Por qué?

El *vínculo* es la relación de apego entre la madre y el niño. Es la base, la relación que le da al niño la seguridad y confianza que necesita para poder luego explorar el mundo que lo rodea. Para tener una afinidad fuerte con su madre, los niños nacen aprendidos: instintivamente buscan estar pegados a ella. Como decía Bowlby, el investigador que describió la formación del vínculo en los humanos: «Es una suerte, para su supervivencia, que los bebés estén hechos por la naturaleza de tal modo que seducen y esclavizan a sus madres». El vínculo entre madre e hijo en condiciones ideales es una relación amorosa plena. El niño va aprendiendo a confiar en el mundo y en las demás personas gracias a la seguridad que le produce saber que su madre está ahí, que responde a sus necesidades, que, en resumidas cuentas, lo quiere y lo acepta tal y como es. El vínculo se va fortaleciendo a lo largo de los primeros meses y años de vida. El bebé despliega todas sus conductas destinadas a tener cerca a su madre: succiona, acaricia el otro pecho, le sigue con la mirada, le sonríe, le llama o llora y se desespera si ésta desaparece de su entorno. Todo son *conductas de apego*, respondidas con la *atención materna*. Así, la madre y el niño tienen una relación muy estrecha y cercana, satisfactoria, completa. La lactancia no sólo favorece el vínculo; es el vehículo perfecto, el lugar ideal, el espacio de encuentro. Porque dar de mamar es un abrazo madre-bebé casi continuo. Los bebés amamantados permanecen mucho tiempo en brazos de sus madres, pegados a su pecho, oyendo el corazón, escuchando su voz, sintiendo su olor continuamente... El bebé se siente querido, sabe que su madre está ahí cerquita, y que responde a sus necesidades. Así, se construye la seguridad en uno mismo, sintiendo ese amor de los demás, y la autoestima, porque a través del cariño que la madre muestra por el cuerpo de su hijo (mediante caricias, abrazos, incluso cantos), este también aprende a querer su propio cuerpo. La lactancia facilita la conexión madre-hijo: pasarse horas mirándose y acariciándose, quedarse medio dormidos en un sofá o dormidos del todo en una cama.

La lactancia materna es además *gratuita, preciosa, ecológica y portátil*. Las madres pueden amamantar en cualquier lugar, a cualquier hora, el alimento siempre está en su punto, da igual que la madre acabe de bañarse en el mar o esté viajando en un avión. Cada vez que se ofrece el pecho a un bebé se le está dando mucho más que leche, se le da un abrazo, un consuelo, una caricia. La lactancia es cosa de dos, y las madres que amamantan pueden explicar todo lo que reciben a cambio: los bebés también las acarician, les sonríen, miran, escuchan, dan las gracias de mil maneras... Conforme van creciendo, la relación va adquiriendo nuevas y sorprendentes formas, los niños de dos y tres años que siguen tomando el pecho juegan con él, traen a los juguetes y los acercan al pecho, hablan con cariño de «las tetis» de su madre... Y, a veces, también lo piden cuando notan que es su madre la que necesita parar un rato y recibir un abrazo. La lactancia es una relación amorosa muy intensa y deliciosa, pero muchas veces se malogra de manera temprana a pesar de los deseos de madre e hijo.

Para las madres que han tenido una cesárea la lactancia tiene *ventajas adicionales* como son:

- *El útero recupera antes su tamaño* normal (la cesárea hace que el útero tarde más en volver a su medida original que si el parto hubiera sido vaginal)[2].
- *Favorece la pérdida de peso,* lo cual es aún más beneficioso si la madre tiene limitada su movilidad y actividad física durante las primeras semanas como consecuencia de la intervención.
- La *protección para el bebé de numerosas infecciones* puede ser especialmente importante en niños que nacen por cesárea tras un parto largo con rotura de bolsa o que permanecen en el hospital, donde el riesgo de infecciones es mayor.

Pero, sobre todo, el éxito en la lactancia permite a muchas madres recuperar la confianza en su cuerpo y la autoestima que se vio quebrantada por la cesárea[3]. Al *favorecer el vínculo*, la lactancia puede ser un *instrumento de sanación de la herida emocional* producida por el parto traumático, tanto para la madre como para el niño. Como cuenta una madre que tuvo a su hija por cesárea urgente y traumática:

> Dar de mamar durante casi nueve meses a mi hija ha sido mi mayor satisfacción, nuestra manera de superar el parto que no fue. Me he sentido poderosa y segura, como si fuera la demos-

tración de que mi cuerpo funciona... Las primeras semanas era lo que más me consolaba, me había perdido el parto pero nadie nos podría robar la lactancia, me sentía orgullosa de haberlo logrado a pesar del inicio tan dificultoso.

A pesar de estos beneficios, los obstáculos son importantes. De hecho, son numerosos los estudios que demuestran que las madres que tienen una cesárea dan menos el pecho que las que dan a luz vaginalmente. Los motivos son múltiples, pero antes de exponerlos detalladamente, revisemos los conceptos más básicos de la lactancia materna.

El ABC de la lactancia materna

¿Qué hay que saber para amamantar? Durante millones de años, las hembras de la especie humana han amamantado a sus bebés sin necesidad de seguir cursillos ni leer guías sobre el tema. Por el contrario, hoy en día hay madres que se encuentran haciendo un verdadero «máster en lactancia materna» en las semanas que siguen al nacimiento de su bebé. En algunos casos, el máster llega más lejos y la madre se convierte en una especialista en lactoingeniería. Como nos contaba Estela en las semanas siguientes a su cesárea:

> Consulté a más de seis profesionales diferentes; primero, daba a mi hijo el pecho; luego, lo complementaba con un poco de mi propia leche extraída que le dábamos con un relactador, y si aún quería más, le ofrecía leche de fórmula en biberón, tras lo cual mientras el padre paseaba al bebé, yo volvía a intentar sacarme leche con el sacaleches para intentar aumentar la producción, a la vez que leía libros para profesionales sobre lactancia materna para averiguar por qué Lucas no ganaba peso. Entre el inicio de una toma y la siguiente, a veces, no me quedaba ni tiempo de ir al baño, y encima me sentía como una madre caprichosa

que se empeña en sacar la lactancia adelante a pesar de que todo el mundo me recomendaba que lo dejase ya y que pasara a la lactancia artificial. Mi bebé seguía sin ganar peso a la velocidad recomendada y el salón de mi casa parecía a la vez una biblioteca de lactancia materna y un laboratorio para ordeñar...

Agotador y angustioso. Lucas había nacido por cesárea y habían pasado más de veinticuatro horas antes de la primera toma, no succionaba bien, su madre se había preparado durante el embarazo para disfrutar de la lactancia... A veces, las cosas se van complicando tanto que llega a ser muy difícil diferenciar el problema de la solución y, sin tener un buen diagnóstico de lo que sucede en realidad, puede ser muy difícil continuar. La lactancia después de la cesárea no debería de ser un sacrificio ni un suplicio.

Veamos en primer lugar cómo se produce la leche materna. La primera idea importante es que *el pecho no es un almacén de leche, sino una fábrica,* y la segunda es que el *encargado de la fábrica es tu bebé.* La leche se fabrica conforme el bebé succiona. De hecho, al sentir cómo succiona el pezón, el pecho envía un mensaje al cerebro para que produzca más prolactina, que es la hormona que hace que se fabrique la leche en la mama. Cuanto más rato pase el bebé mamando, más aumentará la producción de leche. *Sólo tu bebe sabe cuándo y cuánto tiene que mamar.* Así pues lactancia *a demanda.* ¿Qué significa esto exactamente? Significa que, durante los primeros días, semanas y meses de vida, el bebé deberá estar siempre muy cerquita de su mamá y en cuanto abra la boquita buscando el pezón o simplemente llore habrá que darle de mamar. Así contado parece muy fácil, pero ¿cuál es el mayor enemigo de la lactancia a demanda? El reloj. El maldito reloj. Porque cuando una madre amamanta a demanda puede ser que el bebé esté cuarenta minutos mamando de un mismo lado, que luego se duerma, que a los quince minutos se despierte y empiece a mamar del otro pecho durante otros cinco minutos y que ya no quiera más. Y puede ser que en ese momento su orgullosa abuela aproveche para tenerlo un ratito en brazos y que, a los ocho minutos, el bebé vuelva a lloriquear y, cuando la madre lo quiera poner al pecho otra vez, su propia madre le diga: «¿Pero otra vez le vas a dar? ¿No ves que no puede tener hambre otra vez?». Si la madre no le hace caso a la abuela y le da de mamar otros veinte minutos, tal vez, ella insistirá: «Igual es que tu leche no le alimenta, como perdiste tanta sangre en la cesárea...». Y si la madre le hace caso a la abuela y no da de mamar, el bebé se quedará con hambre y, además, el pecho sin esos veinte minutos de succión que iban a aumentar la producción de leche. Así, se va generando un círculo vicioso muy peligroso: cuando se intenta controlar el tiempo que el bebé pasa al pecho es mucho más probable que él se quede con más hambre, con lo que llorará más, ganará peso más lentamente y será mucho más fácil que la lactancia termine muy pronto. La manera de evitarlo es la *lactancia a demanda*: el bebé decide cuándo toma el pecho y cuándo lo deja, y nadie controla los tiempos ni mucho menos el número de tomas que hace al día. Si es él mismo el que suelta el pecho al finalizar la toma podemos estar seguras de que ha recibido también la leche del final, que es mucho más grasa y, por lo tanto, rica en calorías.

La leche se fabrica conforme mama el bebé, esto también significa que *la leche nunca se acaba*: mientras el bebe succione habrá leche. Por eso, el comentario de muchas madres que dicen: «Se me debe de estar acabando la leche porque ya no tengo el pecho hinchado», no es acertado. Mientras el bebé mame, habrá leche más que suficiente. Así que tampoco se pueden sacar conclusiones del sacaleches: hay madres que consiguen extraerse 120 ml en cinco minutos y otras que sacan 10 ml tras veinte minutos de ordeñarse con una sacaleches eléctrico y se quedan muy desmoralizadas. Pero esto no significa que la que se saca 10 ml no tenga leche ni que deba pasar al biberón: si sigue dando de mamar a demanda todo irá bien. El sacaleches no debería usarse nunca como un «examen» de lactancia. Incluso cuando los niños ya tienen tres o cuatro años y siguen mamando una o dos veces al día, hay madres que cuentan: «Pues me exprimo el pecho y apenas sale una gota». (En realidad, el sacaleches sólo debería utilizarse de manera excepcional, para muchas mujeres es una fuente de estrés y es mucho más sencillo ordeñarse de manera manual una vez que otra madre nos ha enseñado cómo hacerlo.)

Otra idea importante es que *la lactancia se debe iniciar en la primera hora de vida.* Cuando todo ha ido bien en el parto, en esa primera hora, el recién nacido busca instintivamente el pecho y se engancha prácticamente solo. Cuanto antes se dé esa primera toma, más fácil será todo. Los primeros días se produce calostro, que es una leche especial y muy rica. Si por algún motivo la madre no ha podido estar con su hijo durante las primeras horas de vida, lo más importante es insistir y reclamar el poder hacerlo *cuanto antes*. Si la lactancia no se inicia en esa primera hora, será más difícil, pero esto no significa en absoluto que sea imposible. Si el encuentro madre-hijo se produce dos, doce, veinte horas o incluso días después del nacimiento, el método debería ser el mismo. Siempre hay que poner al bebé desnudo sobre el pecho de la madre, como si acabara de nacer, y darle todo el tiempo del mundo: permitirle que la vaya oliendo, que escuche su voz y que ella le cuente; y, poco a poco, ir ofreciéndole el pecho. Siempre está a tiempo de iniciar la lactancia. La mejor prueba de ello es que hay madres que han conseguido amamantar a bebés adoptados, y otras que consiguieron reiniciar la lactancia cuando el bebé ya tenía casi dos meses y sólo tomaba biberones (lo que se conoce como *relactancia*).

La *confianza* es un aspecto clave en la lactancia: cada madre produce justo lo que necesita su bebé. Por eso, no valen las comparaciones. Da igual el tamaño que tenga el pecho (la diferencia de tamaño entre unos pechos y otros suele deberse al tejido graso y no a la glándula que produce la leche). No importa que el bebé sea muy pequeño o que pese 4,5 kg. Si se le ofrece el pecho a demanda desde el primer momento, siempre tendrá suficiente (las excepciones son precisamente eso: excepcionales). En realidad, el bebé sólo necesita eso, el pecho a demanda. Pero la mayoría de las madres necesitan mucho apoyo emocional, porque no estamos acostumbradas a confiar en nuestros cuerpos. ¿Dónde obtener ese apoyo? Nada mejor que otra madre que haya amamantado durante un largo tiempo y que lo haya disfrutado. Los *grupos de apoyo a la lactancia* cumplen un papel clave en esta sociedad donde muchas madres tienen a sus hijos lejos de sus propias madres y familia extensa, y donde pocas hemos visto dar de mamar a las mujeres de nuestro alrededor. Los grupos de apoyo ofrecen una ayuda impagable, y permiten conocer todo tipo de experiencias: madres que han podido dar de mamar a gemelos o prematuros, madres que han conseguido relactar después de que su bebé prácticamente se hubiera destetado o madres que amamantaron a pesar de que, años atrás, habían tenido una cirugía de reducción mamaria. Pero, sobre todo, los grupos de madres refuerzan la confianza de la mujer en su capacidad de dar de mamar (confianza que a veces no tienen los profesionales).

El *peso del bebé* también suele ser un quebradero de cabeza que va minando la confianza de muchas madres en su capacidad de amamantar. Sin embargo, las curvas de peso más utilizadas están hechas a partir de niños criados con lactancia artificial, y precisamente ahora se sabe que la lactancia materna es el mejor arma para prevenir la obesidad infantil. Por eso, si verdaderamente el peso no va bien (es decir, si el bebé no gana o más bien pierde, cosa bastante rara), antes de optar por la lactancia artificial hay que buscar un buen pediatra que verdaderamente apoye la lactancia y que detecte dónde reside el problema, en vez de «tratarlo» suprimiendo la lactancia.

Dar de mamar no duele. Esto también es importante: si duele es que hay un problema. Si la lactancia es dolorosa, es el momento de pedir urgentemente ayuda, alguien deberá valorar la postura del bebé durante las tomas (casi siempre las grietas son debidas a una mala colocación del bebé). Es muy importante buscar al profesional adecuado: una buena matrona o una consultora en lactancia, o incluso un pediatra con experiencia en lactancia. La mejor manera de encontrarlos es preguntando en los grupos de apoyo a la lactancia o consultando en algunas páginas web, pero es muy importante que alguien vea a la madre mientras esta amamanta.

El otro aspecto clave en la lactancia es *el sueño del bebé*. En realidad, son muy pocos los bebés que duermen más de cuatro o cinco horas seguidas de manera espontánea. Lo normal es que duerman intervalos de una, dos o tres horas y, al despertar o antes de dormir, reclamen el pecho. Como la hormona de la lactancia se produce en mayor cantidad por la noche, muchos bebés necesitan mamar de manera casi continuada al atardecer: algunos llegan a hacer una toma prácticamente ininterrumpida de nueve a doce de la noche. Esto asegura que al amanecer, sus madres tengan el pecho a rebosar de leche. La manera más sencilla de iniciar la lactancia materna y de mantenerla es aprovechar los ratos de sueño del bebé para dormir con él, y sobre todo dormir junto a él por la noche. Por el contrario, los métodos conductistas que propugnan que hay que dejar que el bebé duerma solo, sin su madre al lado, son una seria amenaza para la lactancia (y para el vínculo): es francamente agotador y difícil tener que levantarse varias veces en medio de la noche para amamantar. Las madres (y padres) que duermen junto a su bebé suelen explicar que ni siquiera saben cuántas veces se ha despertado por la noche, ya que éste, en cuanto se despierta, se engancha al pecho y, muchas veces, vuelve a dormirse tan ricamente. Por eso, es mucho más fácil (y placentero) que la lactancia tenga éxito si madre e hijo duermen juntos o al menos lo hacen en la misma habitación.

Dificultades para amamantar después de la cesárea

Un estudio[4] señaló que las madres que daban a luz por cesárea urgente presentaban niveles más bajos de oxitocina y prolactina, las hormonas de la lactancia, en las primeras cuarenta y ocho horas del posparto. Otros autores también han concluido que las madres que dan a luz por cesárea presentan un riesgo tres veces mayor de abandonar la lactancia en el primer mes[5]. Sin embargo, las diferencias en la duración de la lactancia entre las madres que han dado a luz vaginalmente y las que lo han hecho por cesárea desaparecen después del primer mes[6]. Por lo tanto, resulta evidente que, después de una cesárea, las madres necesitan un apoyo especial e individualizado y un seguimiento estrecho en el inicio de la lactancia[7].

La mayoría de las dificultades que encuentran muchas madres para amamantar tras la cesárea no son debidas a la intervención, sino a toda una serie de creencias erróneas y/o prácticas inadecuadas en el hospital que, a menudo, motivan que la lactancia termine antes de lo que la madre deseaba.

El *retraso en la subida de la leche tras la cesárea* es un ejemplo de ambas cosas. Como hemos comentado, la tardanza en la primera toma es un obstáculo significativo para el inicio de la lactancia. Casi todos los estudios asumen o concluyen que la subida de la leche se pospone más en las madres que han parido por cesárea. Sin embargo, la causa es difícil de precisar. ¿Es debido a la cesárea en sí misma o al retraso en el inicio de la lactancia, a los fármacos o a la tendencia a dar más biberones o chupetes? Lo que está claro es que, en la mayoría de hospitales, los niños nacidos por cesárea tardan más en realizar la primera toma, reciben más biberones en los primeros cuatro días y hacen menos tomas nocturnas[8].

Si la cesárea ha sido programada sin que haya habido un trabajo previo de parto, aún se dificulta más el amamantamiento porque ni siquiera se ha dado tiempo a que las hormonas del parto y lactancia empezaran a producirse.

En realidad, la lactancia puede iniciarse en la primera hora de vida del bebé incluso si este ha nacido por cesárea. El paso de fármacos al bebé es mucho menor que la exposición que ha tenido en el útero durante la cesárea y los beneficios superan con creces a los posibles impedimentos. *No existe ningún motivo médico* que justifique la separación de los bebés, para mantenerlos en observación, durante las primeras veinticuatro horas siguientes a la cesárea, como se realiza rutinariamente en algunos hospitales. La observación clínica puede realizarse mientras el bebé está en brazos de su madre, o de su padre si la situación clínica de ella es inestable.

De hecho, incluso si el bebé está enfermo o es prematuro y deben internarlo en la Unidad de Cuidados Intensivos neonatales, sus padres tienen todo el derecho del mundo a permanecer junto a él. Hace ya años que se ha demostrado que el *método canguro* es la mejor manera de tratar a los recién nacidos, sean prematuros o no, que por un motivo u otro necesitan estar internos. Hoy en día, en las UCI neonatales más prestigiosas y modernas del mundo se utiliza este método inventado por los médicos colombianos Edgar Rey y Héctor Martínez a finales de los años setenta. Como ellos mismos explican, se basa en tres conceptos: «Calor, amor y lactancia materna». El método es muy sencillo: consiste en mantener al bebé prematuro, desde el nacimiento, el mayor tiempo posible en contacto con la piel de la madre o el padre. Los excelentes resultados de los bebés prematuros que han sido tratados de esta manera han demostrado que el método canguro favorece la recuperación física del bebé y el aumento de peso. Es también la mejor manera de fortalecer el vínculo madre-hijo desde muy pronto, así como de mejorar el pronóstico incluso cuando existe una evidente gravedad física. Que en un hospital se aplique el método canguro supone, para empezar, que la madre y el padre pueden permanecer junto a su bebé recién nacido las veinticuatro horas del día. Para ello, en esas UCI neonatales, hay butacas e incluso camillas al lado de las cunitas o incubadoras; los bebés pasan la mayor parte del tiempo en brazos de sus padres o con ellos a su lado, si están en la camita. La Organización Mundial de la Salud recomienda que se aplique este método a *todos* los recién nacidos prematuros.

Así que tener a los neonatos por cesárea, sean prematuros o no, separados de sus madres no se sostiene bajo ningún argumento médico (salvo que ella se encuentre gravemente enferma o no quiera estar con su hijo). La primera recomendación para amamantar tras una cesárea es, pues, sencilla: *no permitas que te separen de tu bebé bajo ningún argumento.*

Al retraso en la primera toma, suele añadirse otro problema y es que, para cuando el bebé por fin se reencuentra con su madre, ya le han dado unos cuantos biberones, generalmente de suero glucosado o de leche artificial, y probablemente también le hayan puesto un chupete. La *administración de suplementos* a los neonatos tiene efectos desastrosos sobre la lactancia[9]. A los bebés nacidos por cesárea a menudo se les ofrece el biberón en las primeras horas de vida para que la madre descanse. Esta supuesta ayuda produce dos efectos muy negativos. Por un lado, que el bebé no tome el pecho hace que la subida de leche sea más tardía y la producción menor. Pero, además, el movimiento necesario para succionar la tetina es muy diferente del necesario para tomar el pecho. Así se entiende que el bebé que toma el biberón, sea de leche o de suero glucosado, en los primeros días de vida, tendrá muchas probabilidades de sufrir la llamada *confusión del pezón*: cuando le ponen al pecho lo rechaza o llora a pesar de que tiene hambre.

El *cansancio, la fatiga y el estrés* vivido por la madre pueden por sí solos inhibir la producción de la hormona prolactina, que es la encargada de fabricar la leche. Este efecto suele verse acrecentado por las normas del hospital que, a menudo, impiden que la madre descanse efectivamente; ¡todavía hay muchos hospitales donde se despierta a todas las mamás a las siete de la mañana para ponerles un termómetro! A esto se añade la creencia de que «la cesárea debilita tanto que la leche no alimenta al bebé». Con frecuencia, se achaca el llanto del bebé a la debilidad materna secundaria a la cesárea. Es decir, se interpreta que si el niño llora mucho a pesar de tomar el pecho, será porque la leche no le alimenta. (Pero lo cierto es que casi todos los bebés suelen mostrarse más nerviosos e inquietos el tercer día de vida, justo antes de la subida de la leche.) Sin embargo, la composición de la leche materna no cambia ni siquiera en los casos de madres desnutridas. Incluso si la madre ha perdido mucha sangre en la cirugía, su leche seguirá siendo el alimento de mayor calidad para su bebé. (Paradojas de la vida; a veces, la madre está hambrienta y, sin embargo, en el hospital, no se le permite comer nada en veinticuatro horas, y luego se le da una dieta muy ligera. Un estudio señaló que las madres que comen sólido 4-8 horas después de la cesárea se recuperan mejor.)

Otra de las nociones que entorpece bastante la lactancia tras la cesárea es la de que «para que la madre descanse y se recupere antes, es preferible que dé el biberón». Preparar biberones en medio de la noche suele ser bastante más agotador que amamantar en la cama y, como ya hemos comentado, la lactancia favorece que la madre se reponga más rápidamente de la intervención.

Encontrar una buena *postura para amamantar* tras la cesárea puede no ser sencillo. Muchas madres afirman que la mejor postura en estos casos es tumbadas, esto también favorece que echen pequeñas siestas cada vez que el bebé se duerme al pecho, lo que acelera bastante la recuperación materna. Otras utilizan los cojines especiales para la lactancia, que permiten tener al bebé bien colocado en el pecho sin que se apoye en el vientre, lo que evita el dolor.

Los bebés nacidos por cesárea pueden tener dificultades inherentes a su nacimiento. Algunos pasan las primeras semanas muy adormilados, casi siempre por haber venido al mundo dos o tres semanas antes de tiempo. Otros lloran desconsoladamente. Una madre nos decía:

> A pesar de mamar a demanda y de estar siempre con él, por las tardes, llora desconsoladamente de una forma desgarradora. A veces, está las veinticuatro horas mamando, una cosa es mamar

a demanda y otra dejar de mamar diez minutos cada tres horas. Es agotador.

Efectivamente, es agotador y muy duro ver llorar a un niño cuando se está haciendo todo lo posible por su bienestar. A veces, no sabemos por qué lloran, cuando aparentemente todo está bien. Lo cierto es que algunos niños han sufrido mucho en el parto, en la cesárea o en las primeras horas de vida. Llevan el susto metido en el cuerpo, por decirlo de alguna manera. Para ellos, la experiencia ha sido dura. Así que necesitan llorar y, aunque su madre les ofrezca el pecho y un abrazo, a veces, seguirán llorando un ratico. Si además pasaron las primeras horas o días de vida separados de sus padres puede ser que algunas cosas se lo recuerden. Por ejemplo, al ser desnudados para recibir un baño o cambiarles el pañal, algunos niños lloran como si estuviesen en la UCI y fuesen a recibir otro pinchazo. Otros suelen llorar durante semanas a la misma hora en que vinieron al mundo. Resulta obvio, pero hay que recordar que los bebés se enteran de todo, sufren y se emocionan exactamente igual que todos los humanos, y si uno de ellos ha tenido un parto traumático puede recordarlo o tener pesadillas. Lo importante es entender que, aunque no sepamos muy bien qué es lo que les pasa, siempre podemos ofrecerles el pecho como consuelo o simplemente tenerlos en brazos y cantarles o acariciarles. Algunos niños nacidos por cesárea tienen dolores en el cuello o la cabeza por un mal posicionamiento en el parto. En algunos de estos casos, la osteopatía o la terapia cráneo-sacral pueden ayudar al bebé.

Casi todos los problemas con la lactancia se solucionan de manera similar: metiéndose madre y bebé semidesnudos en la cama, poniendo al niño sobre el pecho de la madre, recomenzando, armándose de paciencia y cariño, posponiendo todo lo demás, amamantando verdaderamente a demanda. La forma de aumentar la producción de leche es simple: tener al bebé más tiempo al pecho. Si, a pesar de todo, sigue presentándose un problema, es necesario que un buen profesional lo diagnostique y ofrezca una solución que permita continuar con la lactancia.

Y sobre todo, confiar, confiar en tu cuerpo y en tu bebé. Laura Gutman, terapeuta familiar y madre, tuvo a su primer hijo por cesárea y el segundo y el tercero por partos vaginales. En la actualidad, dirige el centro Crianza, en Argentina, especializado en atención a madres y familias. Laura describe con estas hermosas palabras la experiencia de la lactancia:

> Dar de mamar es despojarse de las mentiras que nos hemos contado toda la vida sobre quiénes somos o quiénes deberíamos ser. Es estar desprolijas, poderosas, hambrientas, como lobas, como leonas, como tigresas, como canguras, como gatas. Muy relacionadas con las mamíferas de otras especies en su total apego hacia la cría, descuidando al resto de la comunidad, pero milimétricamente atentas a las necesidades del recién nacido. Deleitadas con el milagro, tratando de reconocer que fuimos nosotras las que lo hicimos posible, y reencontrándonos con lo que haya de sublime. Es una experiencia mística si nos permitimos que así sea[10].

¿Hasta cuándo dar de mamar?

Hasta cuando se quiera. La Organización Mundial de la Salud recomienda que el bebé reciba leche materna como único sustento durante los seis primeros meses de vida, y que la siga tomando con otros alimentos, como mínimo, hasta los dos años. La edad natural de destete en humanos es de dos a siete años, como demuestran los estudios antropológicos. Cada vez es más frecuente encontrar madres que han dado de mamar hasta los cuatro o cinco años de edad. Se puede amamantar durante un embarazo y, después del parto, seguir dando de mamar al niño mayor y al recién nacido; es lo que se conoce como *lactancia en tándem*. También, se puede dar de mamar a mellizos y trillizos.

O seguir la lactancia una vez que se ha vuelto al trabajo, incluso aunque por algún motivo la madre tenga que ausentarse, en ocasiones, durante más de un día. Toda la información sobre estas situaciones la encontrarás en los grupos de apoyo a la lactancia materna «madre a madre» (véase anexo).

Si no pudiste amamantar después de tu cesárea

Algunas mujeres, además de sentirse culpables por haber pasado por una cesárea en vez de por un parto vaginal, se sienten fracasadas por no haber conseguido amamantar a su bebé. En la mayoría de los casos, el abandono de la lactancia ha sido debido a una serie de consejos erróneos y a una falta de apoyo por parte del entorno familiar y sanitario. Por eso, es importante celebrar los logros, incluso si estos parecen pequeños. Si conseguiste amamantar a tu bebe durante quince días, eso ya tiene mérito. Puedes sentir cierta tristeza, pero a veces esa sensación de pérdida permite valorar más si cabe la relación con el bebé. A veces, los inicios de la lactancia son tan difíciles que se convierten en una situación de muchísimo agobio y angustia; un martirio real.

Es importante hacer las paces con sí misma y reconocer que las decisiones se tomaron pensando que eran lo mejor, con la información de la que se disponía. La pérdida de la lactancia puede ser compensada de otras formas. No se trata de que las madres se sientan peor por no haber logrado amamantar, sino de entender que lo que verdaderamente necesitan los niños es sentirse queridos, y eso se puede conseguir igualmente a pesar de que la lactancia haya terminado antes de tiempo.

También, hay maneras de compensar la pérdida de la lactancia: el estilo *de crianza natural* y respetuosa con el vínculo produce un efecto similar. Abraza a tu bebé todo lo que puedas, llévalo en brazos siempre que sea posible, que pase la mayor parte del tiempo con su madre o padre, consuela su llanto en cuanto este aparezca y no lo dejes nunca llorar sin atenderlo, duerme con él, dale masajes...

Entender por qué no funcionó la lactancia también es la mejor manera de amamantar con éxito la siguiente vez. Incluso hay estudios que señalan que las madres tienen más leche con el segundo hijo que con el primero. Si al primero no se le pudo dar de mamar, en el segundo y con la información adecuada será mucho más sencillo. Algunas madres temen esta discriminación positiva. Piensan que si con el primero no pudo ser, para el hermano o hermana mayor será negativo presenciar la lactancia del segundo; o, directamente, para no sentirse culpables de haber dado a uno más que a otro, deciden renunciar a la lactancia materna con el segundo hijo. Sin embargo, hay mucho que ganar en esta situación. El mayor se beneficia al ver a su madre amamantar al pequeño, sobre todo si se le hace partícipe y se le permite compartir esos momentos de intimidad con su madre y el hermano. ¡Aunque se consiga amamantar al segundo hijo más tiempo que al primero, nunca tendrá el tiempo de atención exclusiva que tuvo el mayor!

Para conseguir amamantar tras una cesárea:

- Intenta iniciar el trabajo de parto después de la cesárea siempre que sea posible; las hormonas del parto favorecerán que la lactancia se inicie de manera óptima.
- Si la cesárea es imprescindible, procura que utilicen anestesia regional (epidural o intradural) en vez de general.
- Pon el bebé al pecho lo antes posible en cuanto nazca, mejor si es antes de que haya pasado el efecto de la anestesia.
- Toma todos los calmantes que necesites para aliviar los dolores. La mayoría son perfectamente compatibles con la lactancia y no dañarán al bebé.

- Amamanta a demanda y no limites el tiempo que el niño permanece al pecho.
- Tranquilidad. Limita visitas de familiares, duerme todo lo que puedas.
- Pide ayuda a expertas en lactancia o a madres de grupos de apoyo para asegurar que la postura es correcta.
- Evita utilizar pezoneras y biberones todo lo posible; en la mayoría de los casos, se convierten en obstáculos para la lactancia en vez de en una ayuda. Tampoco es aconsejable el uso del chupete en las primeras semanas.
- Con frecuencia, al tercer día de nacer, los pequeños se muestran inquietos y muy llorosos; parece como si no sacasen nada del pecho. ¡Esto es normal! Son momentos de suspenso que horas después se desvanecen cuando hay leche a borbotones.
- Dar de mamar tumbada o en la postura del balón de *rugby* suele ser lo más cómodo después de la cesárea. El uso de una almohada sobre tu vientre para apoyar al bebé te ayudará cuando estés sentada.
- Pide que te dejen al niño contigo permanentemente para asegurar el éxito en la lactancia. Además de eso, conviene que se quede contigo un familiar que te pueda ayudar a ponértelo al pecho y a retirarlo si está dormido.
- Duerme con el bebé o cerca de él.
- Asegúrate de comer bien y tomar abundantes líquidos.
- Las cándidas (hongos) son un problema frecuente tras la toma de antibióticos. En algunos hospitales, no los recetan siempre tras las cesáreas, sólo si el caso lo hace necesario. A veces, el único síntoma de las cándidas del pezón es un dolor punzante al inicio de la toma. Si sospechas que tienes hongos consulta a tu matrona.

Para obtener más información:

- Foro de lactancia de la Asociación Española de Pediatría: http://www.aeped.es/lactanciamaterna/foros/index.htm
- Listado grupos de apoyo a la lactancia: un listado detallado y actualizado se puede obtener en la misma web de la Asociacion Española de Pediatría: http://www.aeped.es/lactanciamaterna/grupos.htm
- Fundación Lacmat http://www.lacmat.org.ar/ Tiene una excelente lista de correo para profesionales y grupos de apoyo a la lactancia materna de toda Latinoamérica.
- Consulta de fármacos y lactancia: Web del Servicio de Pediatría del Hospital de Denia, Alicante: www.e-lactancia.org

Libros recomendados:

- *Maternidad y lactancia*, Gro Nylander, Barcelona, Ediciones Granica, 2005.
- *Mi niño no me come* y *Bésame mucho*, Carlos González, Editorial Temas de Hoy.
- *La maternidad y el encuentro con la propia sombra*, Laura Gutman, Editorial del Nuevo Extremo.

Tabla 1. Iniciativa Hospital Amigo de los Niños, UNICEF

Diez pasos hacia una lactancia feliz
Iniciativa Hospital Amigo de los Niños

1. Disponer una política por escrito relativa a la lactancia natural conocida por todo el personal del centro.
2. Capacitar a todo el personal para llevar a cabo esa política.
3. Informar a las embarazadas de los beneficios de la lactancia materna y de cómo realizarla.
4. Ayudar a las madres a iniciar la lactancia en la media hora siguiente al parto.
5. Mostrar a la madre cómo se debe dar de mamar al niño y cómo mantener la lactación incluso si se ha de separar del niño.
6. No dar a los recién nacidos más que la leche materna.
7. Facilitar la cohabitación de la madre y el hijo veinticuatro horas al día.
8. Fomentar la lactancia a demanda.
9. No dar chupetes a los niños alimentados a pecho.
10. Fomentar el establecimiento de grupos de apoyo a la lactancia materna y procurar que las madres se pongan en contacto con ellos.

Fuente: http://www.ihan.org.es/10pasos.htm

Notas

1. American Academy of Pediatrics. Work group on breastfeeding, «Breastfeeding and the Use of Human Milk», *Pediatrics*, vol. 100, no. 6 dec 1997, 1035-1039.
2. H. Negishi, y otros, «Changes in Uterine Size After Vaginal Delivery and Cesarean Section Determined

by Vaginal Sonography in the Puerperium», *Arch Gynecol Obstet*, November 1999, 263(1-2): 13-16.
3. A. B. Laufer, «Breastfeeding. Toward Resolution of the Unsatisfying Birth Experience», *Journal of Nurse-Midwifery*, January 1990, 35(1): 42-45.
4. E. Nissen, y otros, «Different Patterns of Oxytocin, Prolactin But Not Cortisol Release During Breastfeeding in Women Delivered By Caesarean Section or by the Vaginal Route», *Early Hum Dev*, July 1996, 45(-2): 103-18.
5. E. Weiderpass, y otros, «Incidence and Duration of Breast-Feeding by Type of Delivery: A Longitudinal Study in Southeastern of Brazil», *Rev Saude Publica*, June 1998. 32(3): 225-31.
6. M. Sozmen, «Effects of Early Suckling of Cesarean-Born Babies on Lactation», *Biol Neonate*, 1992, 62(1):67-8.
7. R. Pérez-Escamilla, y otros, «The Association Between Cesarean Delivery and Breast-Feeding Outcomes among Mexican Women», *Am J Public Health*, June 1996, 86(6): 832-836.
8. V. Vestermark, y otros, «Influence of the Mode of Delivery on Initiation of Breastfeeding», *Eur J Obstet Gynecol Reprod Biol*, January 1991, 38(1): 33-8.
9. J. Newman, «Breastfeeding and Problems Associated with Early Introduction of Bottles and Pacifiers», *J Hum Lact*, 1990, 6(2): 59-63.
10. Laura Gutman, *La maternidad y el encuentro con la propia sombra*, Editorial del Nuevo Extremo, párrafo reproducido con la autorización de la autora.

5

La herida emocional

Los cirujanos van cosiendo plano por plano la herida de la cesárea en el útero, en el vientre, en la piel. Puntos o grapas y un apósito que recubre la herida. La cicatriz tardará poco en formarse, apenas unos días. Los médicos o las enfermeras explicarán con todos los detalles a la madre cómo tiene que cuidar la herida y, probablemente, cuando abandone el hospital ya le habrán retirado los puntos. Una delgada línea rosa suele ser la única señal externa de la intervención.

Sin embargo, la cesárea deja a menudo otra herida mucho más difícil de curar y que ningún cirujano podrá coser. La herida emocional se produce conforme la mujer entra en el quirófano para la intervención y puede permanecer abierta durante muchos años después, o incluso toda una vida. En algunos casos, puede ser una herida mínima, apenas un rasguño; en otros, es posible que sea tan dolorosa que llegue a obstaculizar seriamente el bienestar afectivo de la madre o incluso de toda su familia. Es también una herida cambiante y silente, que puede pasar desapercibida durante mucho tiempo y que, como todas, puede reabrirse y volver a sangrar cuando menos se espera. Es, sobre todo, una herida difícil de curar, ya que raramente se reconoce su existencia. En la mayoría de los tratados de obstetricia, se detallan todas las complicaciones y repercusiones de la cesárea pero rutinariamente se omiten las implicaciones psicológicas o afectivas. Tampoco los profesionales, cuando explican a la mujer los riesgos de la intervención, suelen mencionar este punto.

El mayor obstáculo para la curación de la herida emocional es precisamente el silencio con que se le rodea, la minimización o incluso la negación de su existencia. Algunas madres llegan a expresar sus sentimientos relacionados con la cesárea en las primeras semanas y es frecuente que encuentren como respuesta el típico «de qué te quejas si tienes un bebé sano», o hasta un «los bebés nacidos por cesárea sufren menos y salen más guapos». Pero lo cierto es que la mayoría de las madres ni siquiera llegan a exteriorizar el dolor anímico que les ha producido la cesárea, bien porque se sienten culpables de sentirse mal («debería estar feliz con mi hija») o porque no llegan a identificar el origen de su malestar («sabía que quería a mi hijo y a la vez sentía que no me importaba»). La herida emocional puede manifestarse con diferente intensidad a lo largo del tiempo. Muchas madres sólo empiezan a reconocer el dolor que les produjo la cesárea anterior cuando, años más tarde, consideran un nuevo embarazo.

¿Por qué llamarlo herida emocional?

Llamamos *herida emocional* al impacto psicológico que deja la cesárea en la madre. Desde el momento en que se hace un corte en el abdomen y en el útero de la mujer para que nazca su hijo, es decir, cuando nacer conlleva una alteración tan importante de la integridad física de la mujer, podemos saber que el impacto psicológico existirá. Esto no quiere decir en absoluto que la cesárea afecte a todas las mujeres de una misma manera; nada más lejos de la realidad. De hecho, una misma intervención puede ser vivida de formas muy diferentes o incluso opuestas. Si en algunos casos la cesárea se convierte en una experiencia satisfactoria, ¿cabe entonces hablar de herida emocional? Creemos que sí, que la herida emocional siempre estará presente, sólo que a veces la asimilación es relativamente sencilla. Incluso cuando la cesárea es absolutamente necesaria y respetuosa, no deja de ser una intervención quirúrgica en el momento del parto, un sacrificio de la integridad de la madre, que acepta ser seccionada para no poner en riesgo la vida de su hijo, en la mayoría de las ocasiones, o la propia en contados casos. La cesárea es, pues, una renuncia y una pérdida de muchos aspectos relativos a cómo nos imaginamos como madres. La herida emocional va a tener, por ese motivo, mucho de duelo, de elaboración de esa pérdida; no sólo del parto soñado sino, en muchas ocasiones, también del primer abrazo, las primeras horas o incluso días de la vida del bebé, de la salud en el posparto, de un útero intacto, de ser considerada una mujer normal o sana en siguientes embarazos...

¿Qué factores influyen en la herida emocional?

Para algunas mujeres, esta operación no supone ningún trauma aparente e incluso la califican como «maravillosa». Sin embargo, otras madres se sienten tristes desde el mismo momento en que les dicen que les van a hacer una cesárea y se encuentran mal durante meses o incluso años. ¿Por qué son tan variables las reacciones ante un mismo suceso? Toda una serie de factores pueden inclinar la balanza en uno u otro sentido.

En primer lugar, los *factores obstétricos*, es decir, los motivos que decidieron la cesárea y cómo se desarrolló la intervención. Si tu cesárea fue urgente y motivada por una situación de sufrimiento fetal es más probable que tengas dificultades en el posparto[1]. Necesitarás tiempo para poder asimilar lo vivido e integrar la experiencia. Pero también puede ser que si te hicieron la cesárea después de un parto muy largo y doloroso, esta te pareciera un gran alivio. Si te pusieron anestesia general, el malestar psíquico suele ser mayor que si pudiste ver nacer a tu bebé gracias a la epidural. Muchas mujeres se han despertado solas en una sala de reanimación sin nadie que les informara de cómo había ido todo y sin saber cómo y dónde se encontraba su bebé. Así lo contaba una madre: «Es tan triste despertarte sola, notar tu vientre cosido y vacío y no saber dónde está tu hijo...». Hay madres que han pasado por una cesárea con anestesia poco adecuada o sin que les hubiese hecho efecto, y lo recuerdan como una experiencia terrorífica.

La situación de urgencia vital, temer por la vida propia o del bebé, puede desencadenar un verdadero *síndrome de estrés postraumático*, una reacción psicológica que inicialmente sólo se consideraba en personas expuestas a guerras o situaciones de gran violencia. Hoy se sabe que puede producirse igualmente después de situaciones estresantes en el parto[2]. La aparición del síndrome conlleva una re-experiencia, es decir, se vuelven a vivir mentalmente los momentos de nerviosismo como si de una película se tratara, y cualquier pequeño suceso que recuerde el parto (como pasar por delante del hospital o ver a una mujer embarazada) da lugar a una reacción de ansiedad (con sensación de ahogo, taquicardia, sudoración o mareos...). Parece ser que si la cesárea fue urgente, se incrementa el riesgo de sufrir el síndrome de estrés postraumático[3].

Por el contrario, las cesáreas programadas pueden permitir que la mujer se prepare mejor psicológicamente para la intervención y que, llegado el momento, sienta que tiene cierto control sobre la situación. Sin embargo, este aspecto por sí sólo no justifica la programación de la cesárea sin que haya trabajo de parto previo, ya que casi siempre se puede esperar a que se inicie el parto de manera espontánea y entonces realizar la intervención. Así, la mujer ha podido mentalizarse y también evitar muchos de los riesgos asociados a las cesáreas programadas.

La *calidad de la atención recibida* es un aspecto crucial en la recuperación de la cesárea[4]. El parto, incluso si es por cesárea, es un momento muy íntimo, y es preciso que los profesionales te respeten continuamente. Si te has sentido respetada y partícipe de la decisión, si has sido bien informada de las opciones y, sobre todo, si has percibido que mantenías cierto control[5] durante todo el nacimiento, es más probable que te recuperes bien psicológicamente de tu cesárea. Por el contrario, si te han maltratado verbalmente, si no has sido acompañada emocionalmente y si la indicación de la cesárea ha sido dudosa o claramente arbitraria, el malestar psicológico quizá sea significativo o creciente conforme pase el tiempo. Por desgracia, las situaciones de maltrato psicológico en el parto no son nada excepcionales y el efecto que producen sobre la mujer se prolonga durante muchísimo tiempo. Para más inri, socialmente todavía no hay una conciencia clara de que el maltrato a las parturientas es una forma especialmente grave de violencia contra la mujer, ya que sucede en un momento en el que somos muy vulnerables.

> Después de ponerme la anestesia raquídea me dejaron completamente desnuda en la camilla del quirófano, me sentía como un animalillo acorralado por los cazadores, llegué a contar unas diez personas que entraron y salieron o estaban en las estancias contiguas separadas por cristales. ¡Qué falta de humanidad!
>
> A.M.

Estar expuesta, oír comentarios despectivos sobre el propio cuerpo, pedir que alguien te dé la mano y que no haya respuesta, o ser tratadas como niñas caprichosas por haber intentado un parto vaginal después de cesárea no son experiencias aisladas, lamentablemente. Algunas mujeres se han sentido muy maltratadas y hasta castigadas por haber pretendido mantener cierto control en el parto:

> Me dijeron que no podía creerme la «lista», que ellos sabían lo que hacían, que yo era una imprudente; todo por haber nombrado las recomendaciones de la Organización Mundial de la Salud.

Para otras madres, la cesárea transcurrió en un ambiente de máximo respeto, lo que facilitó enormemente la recuperación emocional. Andrea logró una cesárea respetada con su segundo hijo en un hospital británico. La calidad del trato recibido queda patente en su testimonio.

> Mientras estuve en el hospital, nunca se efectuó nada sin mi consentimiento. Para la cesárea, la ginecóloga discutió conmigo todo lo que iba a hacer. Casi me pidieron perdón por tener que rasurarme para poder hacer el corte en el mismo sitio de la cicatriz anterior (pensé que me rasurarían toda y resultó que no; sólo rasuraron lo necesario y nada más). Una comadrona me dio apoyo en toda la preparación. Mi marido entró conmigo y otra comadrona se quedó afuera con Gabriel. En cuanto salió mi bebé, lo pusieron junto a la mesa de operaciones, lo único que hizo el pediatra (con mi marido a su lado) fue confirmar que respirara y limpiar un poco la nariz por fuera (nada de succionar, de meter tubos, de limpiarlo ni pincharle). Mi marido cortó el cordón. Y enseguida me pusieron a Daniel en mi pecho (nunca me ataron) y allí se quedó hasta que terminaron de cerrarme. Luego me llevaron veinte minutos a recuperación y el bebé se fue en brazos de mi marido a la habitación. Fue allí cuando lo pesaron (ni lo midieron ni le hicieron nada más, dos días después el pediatra vino a examinarle). No me durmieron como la otra vez y enseguida me dieron a mi bebé y estuvimos juntos todo el resto del tiempo. Yo misma lo cambié y vestí (después de estar varias horas desnudito sobre mi pecho también desnudo). Aunque no pensaba hacerlo, ellos mismos me recomendaron no bañarle, pues eso lo hace más susceptible a los gérmenes externos. Nadie jamás sugirió llevárselo, ni cambiarlo de espacio ni alejarlo de mí.
>
> Andrea Anguera

La reacción psicológica también estará muy influida por *las expectativas* que tenías respecto al parto, así como por tu visión del nacimiento, de tu relación con tu propio cuerpo o incluso de tu vivencia de la sexualidad. Cuanta más distancia haya entre la experiencia vivida y la que anticipabas, mayor será la percepción de pérdida y la reacción de duelo. Así se entiende que muchas mujeres estén contentas con su cesárea al compararla con los partos vaginales de otras amigas o mujeres de su propia familia que han sufrido el maltrato o la violencia hospitalaria y de recuerdo tienen una enorme episiotomía. No conocer la experiencia de mujeres que han tenido partos naturales sin apenas intervenciones, que han podido vivir el parto respetando sus tiempos y con disfrute y entrega hace que ni siquiera puedan imaginar lo que se han perdido o lo que les ha sido robado.

Muchas mujeres han crecido con una visión negativa de su propio cuerpo, han aprendido que la celulitis es una enfermedad, que la regla siempre duele, que si no controlan su cuerpo engordarán y serán rechazadas... La sensación de poder y energía que otras madres experimentan en sus partos naturales es posible que les parezca algo inalcanzable o inimaginable. Simplemente, la idea de parir desnudas y desinhibidas les puede parecer desagradable o inadecuada, algo lógico tras tantos años de intentar poner barreras a su cuerpo. El parto en el quirófano quizá sea percibido como algo más evolucionado, controlado o seguro. Y, justamente, es al conocer o escuchar la historia de una de esas madres que tuvo un parto gozoso cuando comienzan a cuestionar la versión oficial de su parto y a entender que podía haber sido similar y, sin embargo, les fue robado.

Los *aspectos socioculturales* pueden favorecer la satisfacción de la madre con el procedimiento, como se da en aquellos círculos sociales en que la cesárea se percibe como un privilegio de las clases altas (fenómeno descrito en algunas sociedades latinoamericanas)[6]. Por el contrario, también pueden incrementar su aislamiento y sufrimiento interno, ya que si el entorno no permite la expresión de la decepción de la madre con el nacimiento, se fomenta la represión del duelo, la no identificación del malestar y, por lo tanto, la no resolución del mismo. Si algunas de las mujeres más famosas dan a luz por cesárea programada y comentan que «todo fue perfecto, me recuperé de maravilla»,

¿cómo se van a permitir muchas madres decir que para ellas la recuperación fue difícil o dolorosa? ¿Cómo exteriorizar su propia decepción?

La herida que no cesa

No es de extrañar que muchas mujeres se sorprendan ante las dificultades que encuentran para «superar» su cesárea. En la clínica, todo el mundo las felicita por su hermoso bebé, y hasta les dicen «los bebés que nacen por cesárea salen más guapos» o «son bebés que sufren menos». Cuando más felices se supone que debían de ser, estas mujeres perciben una disonancia, una discrepancia, un abismo incluso entre la felicidad que imaginaban iban a experimentar como madres y lo que sienten en realidad. Desde luego que esta contradicción no es exclusiva de las madres que han tenido una cesárea. De hecho, la maternidad en sí misma genera muchos sentimientos de ambivalencia, soledad, tristeza. Sin embargo, la recuperación emocional de la cesárea tiene unas características diferentes y propias.

La cesárea puede ser vivida de mil maneras. Con tristeza o con resignación, con agradecimiento, con emoción. Las reacciones son complejas y se verán afectadas por muy diversos factores. En cualquier caso, la vivencia de esta intervención es un proceso cambiante a lo largo del tiempo y que variará en función del apoyo y el soporte emocional que la mujer encuentre en su entorno inmediato, así como por la duración de la lactancia y el estado de salud del bebé.

Ninguna reacción psicológica es buena o mala. Los sentimientos de una mujer que acepta su cesárea sin malestar psíquico son tan válidos como los de la que presenta una depresión significativa. En este capítulo, intentamos dar voz y sentido al sufrimiento de muchas mujeres que lo han pasado mal después de una cesárea. Entendemos que son dichas mujeres las que necesitan este apoyo. Igual tú tuviste una cesárea necesaria y absolutamente respetuosa, contaste con un excelente apoyo familiar y social, y tu recuperación fue rodada. Ojalá fuera esa la situación de todas las madres que han pasado por esta experiencia. No obstante, los testimonios que recibimos de madres[7] nos confirman que para muchas de ellas, la cesárea fue bastante más difícil de asimilar de lo que esperaban.

«¿Por qué me duele tanto? ¿Es normal que meses después del parto siga tan obcecada y reviva mi cesárea a todas horas? ¿Por qué no puedo olvidarlo si, al fin y al cabo, mi hija está preciosa y todo nos va bien?» Son preguntas que se hacen las madres que meses después de una cesárea siguen «obsesionadas», por decirlo de alguna manera, con el parto.

La respuesta no es sencilla, pero para entender por qué queda tan grabada la cesárea nos conviene recordar todo lo que sucede en el momento del parto desde un punto de vista hormonal. La oxitocina, conocida popularmente como la «hormona del amor», no sólo hace que el útero se vaya contrayendo a lo largo de todo el parto, también actúa en el cerebro de la madre, preparándola especialmente para el primer encuentro con su hijo. Cuando después de un trabajo de parto natural el bebé sale, su cerebro está impregnado de oxitocina y endorfinas, igual que el de su madre. Se produce entonces lo que los científicos llaman *imprinting* o impronta y que viene a ser algo así como el flechazo o el sello del vínculo más fuerte que tenemos los humanos. Después de nacer, madre e hijo se miran fijamente, asombrados, se descubren, se contemplan durante un buen rato. Todo lo que suceda en esos momentos quedará grabado en el cerebro de ambos muy fuertemente, impreso para siempre; es el inicio del vínculo. Una bonita prueba de esto es que si preguntamos a mujeres ancianas cómo fueron sus partos, nos lo pueden contar con todo detalle, a pesar de que ya hayan perdido la memoria de otros acontecimientos muy importantes en sus vidas.

Otras hormonas como las endorfinas y la prolactina también se encuentran a niveles máximos. Las endorfinas hacen que, en ese momento, la madre ya no sienta los dolores del parto y que, por el contrario, se encuentre en una especie de nube de placer, una sensación de gozo muy adictiva por otra parte: así, la madre se «engancha» a su cría. La prolactina despierta, por otra parte, los instintos maternales y sensibiliza respecto a las necesidades de la cría, favoreciendo que su madre se la ponga en el pecho casi sin pensarlo.

¿Qué pasa entonces si, en ese momento en que el cerebro está preparado para memorizar los detalles de la cría, la madre se encuentra en un quirófano y tiene muchísimo miedo? Lo que queda grabado serán esas imágenes y sensaciones. Por eso, el parto puede llegar a desencadenar un síndrome de estrés postraumático (SEPT). Como si de una macabra película se tratara, algunas mujeres reviven una y otra vez el nacimiento traumático durante los meses que siguen al parto. En vez de recordar un instante de amor, rememoran los comentarios que hacían los profesionales y su sensación de indefensión, de querer salir corriendo, el pánico a morir o a que el bebé se muera. ¡Es tan triste empezar así la maternidad!

La psicóloga Cheryl Beck analizó los relatos de mujeres que presentaban este síndrome de estrés postraumático relacionado con el parto[8]. Encontró que las madres que lo padecen:

1. Continuamente recuerdan y reviven el parto mediante *flash-backs* y pesadillas, durante semanas o meses.
2. Se sienten desconectadas o extrañadas ante sus bebés y ausentes de la realidad, como si no estuvieran allí o no fueran las mismas.
3. Necesitan entender y hablar continuamente de lo que les sucedió y buscan información médica sobre sus partos de manera obsesiva («obsesión y monotema»).
4. Se sienten enfadadas con los profesionales, con sus familiares y consigo mismas. Presentan síntomas de ansiedad y depresión. El SEPT también dificulta la relación de las madres con los profesionales sanitarios.

5. Ven muy afectada su experiencia de la maternidad. A menudo, se sienten distanciadas de sus hijos. Ponen muchos impedimentos para relacionarse con otras madres, no pueden evitar comparar su parto con el de otras. El síndrome puede producir un rechazo a la sexualidad, a tener más hijos, o hacer que la madre pida una cesárea programada en el siguiente embarazo.

Si la cesárea es programada y se produce sin un trabajo de parto previo, esta sensación de extrañeza puede ser todavía más intensa. En otros casos, lo que la madre siente es el vacío, precisamente por no haber podido pasar esas primeras horas con su hijo. Como contaba una madre:

> Yo tuve una cesárea conocida de antemano, aceptada y esperada. Para mí lo peor, e inesperado, fue no sentir nada hacia mi hija, no reconocerla como hija, no sentir instinto, de tanto dolor como tenía en mi cuerpo, tanto tubo del goteo, tanta cosa... Pudo más mi instinto de supervivencia como enferma que mi instinto de madre.
>
> Ana B.G.

Y es que al no haberse desencadenado el parto, las hormonas tampoco han hecho su trabajo, no hay transición; de estar embarazada se pasa a estar en una sala de reanimación con el estómago cosido...

Algunas madres atraviesan un verdadero *shock psíquico* en los días siguientes a la intervención. Externamente, aparentan normalidad, se ocupan de su hijo y reciben las visitas con naturalidad. Sin embargo, la procesión suele ir por dentro y a ellas les cuesta creer que el embarazo ha terminado y que no ha habido un parto.

Casi nunca es preciso separar a la madre del niño al nacer. No obstante, son mayoría las madres que después de la cesárea estuvieron horas o incluso días enteros sin conocer a sus hijos, a pesar de reclamarlo con insistencia. Esto produce en muchas madres sentimientos de rabia y tristeza, la sensación de haber perdido unas horas preciosas y muy especiales en la vida de sus bebés y que nadie podrá devolverles. Como nos dice Caro, una madre argentina:

> Lo peor de la cesárea es que yo soñaba con darle a mi hijo su primer beso, su bienvenida, y sin embargo fui la última en la familia en besarlo (después de primos, tíos y abuelos). Aún hoy me da celos pensar en eso. No me lo mostraron al nacer y cuando lo vi por primera vez ya estaba limpio y vestido. Son dos cosas que nunca voy a poder cambiar, por mucho que lo quiera y son las que más me angustian.

La impotencia es lógica y comprensible, por más que se tenga un bebé sano, no se puede negar que ha habido una o más pérdidas.

La pérdida del parto soñado

La sensación más generalizada entre las madres que han pasado por una cesárea es la de *pérdida*, es decir, el duelo por no haber tenido el parto soñado[9]. Se puede expresar en términos de decepción: «Nunca imaginé que no podría parir a mi hija», o de tristeza intensa por no haber estado presente en el nacimiento:

> Siempre me imaginé a mí misma pariendo, llorando emocionada al abrazar a mi hijo todo húmedo y recién nacido. Cuando pienso en mi hijo en brazos de desconocidos, en el momento de nacer, mientras yo estaba casi dormida por la anestesia, siento mucha pena.

También son frecuentes las dudas recurrentes sobre si el niño es realmente su hijo. Algunas mujeres tienen pesadillas en las que descubren que el bebé que tienen no es realmente su hijo, otras expresan abiertamente: «Siento que no la he parido yo, realmente no es mía, intelectualmente sé que es mi hija, pero es como si mi cuerpo no la reconociera». Otra madre contaba: «Durante semanas, tenía un miedo irracional a que llamase una mujer a la puerta reclamando a mi hijo y diciendo que era ella la que lo había parido».

La relación madre-hijo puede ser difícil, sobre todo en los primeros días. Hay quien siente inmediatamente un intenso vínculo con su hijo a pesar de la cesárea: «Ver a mi hija por fin, tan bonita, me hacía sentir que todo había merecido la pena, sentía que la quería y que sería capaz de todo por ella». Otras, sin embargo, confiesan: «Ni siquiera estaba contenta de tenerla conmigo, después de tantos meses soñando con verla estaba aquí y no sentía nada, era como si todo aquello no estuviera ocurriendo en realidad». Todas las reacciones son posibles, las dificultades en el vínculo inicial no significan que una mujer sea peor madre ni que quiera menos a su hijo.

A veces, el sentimiento es de extrañeza:

Cuando vi a mi hijo, sólo pensé que era guapísimo, perfecto, pero tenía miedo de tocarlo, porque no sentía que necesitara hacerlo. Le di un beso cuando me lo acercó mi marido, pero había tanta gente mirando en aquel momento... ¿y qué se supone que debía hacer yo? No estaba alborozada, ni un sentimiento indescriptible me embargaba, sólo me encontré sola y dolorida y creía que el bebé no me necesitaba. El sentimiento de culpa por esto es muy grande aún hoy.

Ainara

A esto se suelen añadir los problemas de identidad como madre e incluso como mujer: «No sé qué clase de madre soy; ni siquiera he podido parir a mis dos hijos». Algunas madres se culpan de manera obsesiva por su cesárea: «Pienso que la culpa fue mía por no haber aguantado el dolor y haber pedido la anestesia». ¡Incluso si nadie les ha echado a ellas la culpa! También, es frecuente pensar que se ha decepcionado a la pareja: «Siento como si hubiera traicionado a mi marido, mi cuerpo me falló en un momento crucial». Las mujeres debemos de tener una capacidad innata para sentirnos culpables, por desgracia...

Algunas mujeres *refieren sentirse violadas* o mutiladas[10]. La actitud hacia la cicatriz suele ser reflejo de dichas emociones. Hay madres que confiesan que no pueden mirar la cicatriz y evitan su visión incluso en el baño: «Mi cicatriz es un recuerdo permanente de lo que sucedió» o, como contaba otra madre: «He cubierto la parte inferior del espejo con papel para no tener que ver mi cicatriz cada vez que me ducho». Algunas mujeres tardan años en poder acariciar su cicatriz o en permitir que alguien más la vea. Para ellas haber estado desnudas y solas en un quirófano y haber sido exploradas delante de muchas personas constituye una experiencia muy traumática y de la que les resulta muy difícil hablar con franqueza, máxime cuando no es fácil que los allegados lo entiendan como un abuso y un atropello a la sexualidad.

El enfado o la rabia con los profesionales también suelen ser comunes, sobre todo si la mujer percibe la cirugía como innecesaria: «Me siento engañada, furiosa, llena de rabia, lo que tenía que ser el mejor día de mi vida fue uno de los peores»; «difícilmente podré confiar en los médicos otra vez». Esta reacción también se produce si la madre sufrió un maltrato psicológico por parte de los profesionales médicos. De hecho, esta es una situación frecuente, lamentablemente, en muchos partos y cesáreas porque algunos especialistas no suelen tener en cuenta lo vulnerable que es una mujer en ese momento. Y es que también los profesionales sanitarios son a menudo víctimas de una situación de estrés laboral o incluso se sienten quemados, pero esto nunca debería justificar el que se trate con frialdad o con ironía a una parturienta.

La *depresión posparto* es la enfermedad materna más frecuente después de parir, se estima que afecta a un 15 por ciento aproximadamente de todas las madres y se sabe que la cesárea incrementa el riesgo de tenerla. Cuando una madre sufre una depresión tras su cesárea, pueden ocurrírsele muchos de los pensamientos aquí descritos. A estos, se añaden algunos síntomas físicos, como el insomnio (no poder dormir ni siquiera cuando el bebé descansa), la pérdida de apetito, la sensación de agotamiento y cierto bloqueo o enlentecimiento mental. Las madres que tienen una depresión posparto pasan todo el día preocupadas por la salud de su bebé o porque se sienten incapaces de quedarse a solas con el recién nacido. Pueden no tener ni un solo rato de disfrute o alivio en todo el día. En estos casos, es prioritario buscar *ayuda médica y psicológica urgente*; la depresión es una verdadera enfermedad que puede causar un sufrimiento enorme. El médico de cabecera se encargará de diagnosticarla y descartar que haya una anemia o un problema tiroideo (que pueden ser causa de la depresión). Con el tratamiento adecuado (acompañamiento familiar, ayuda doméstica, psicoterapia, ejercicio físico y, en los casos graves, fármacos)[11], se cura la mayoría de veces. Se puede continuar con la lactancia incluso si es preciso tomar un tratamiento antidepresivo o ansiolítico; la mayoría de los fármacos ni siquiera llegan a la leche materna.

¿Fue necesaria?

Muchas mujeres que se sienten inicialmente satisfechas con su cesárea van cambiando de opinión conforme transcurre el tiempo. Pasados los primeros meses, comienzan a hacerse preguntas. Tal vez cuando su hermana o una buena amiga da a luz de manera natural empiezan a preguntarse: «¿Por qué yo no fui capaz?». O, tal vez, la comparación de algún detalle, como escuchar que a otra madre le dejaron hacer la dilatación caminando mientras ella tuvo que permanecer acostada, siembra la duda. Una vez que la sospecha se instala suele incrementarse el malestar. Hacerte la pregunta: «¿Fue verdaderamente necesaria mi cesárea? ¿Realmente era la única opción?» suele ser uno de los momentos más dolorosos en la recuperación de la intervención. La perspectiva de que tal vez todo era perfectamente evitable genera un gran sufrimiento.

Mientras pensabas que todo había sido por tu bien, al menos le podías dar un sentido a la pérdida, pero en el momento en que comienzas a imaginar que tal vez la cesárea fue por un mal manejo del parto o incluso por conveniencia médica, el dolor y la rabia pueden ser tremendos. Algunas mujeres expresan: «Aunque en mi interior lo sabía, tardé años en hacerme estas preguntas en voz alta». A veces, la respuesta a la pregunta «¿fue necesaria?» adquiere otros matices más profundos.

> Hoy creo que de verdad hicieron lo mejor por mí, y que detenerme a pensar si tenía la presión alta o no, es quedarme con la milésima parte de la historia, y delegar, en los otros explicaciones que, de ninguna manera, dan cuenta de lo sucedido. Hoy sé que yo *necesitaba* que todo eso ocurriera. Que no supe pedir ni vivir algo diferente y que eso no es en sí mismo ni bueno ni malo. Simplemente *es*. Pero hoy también sé que trabajaré día y noche para que ninguna otra mujer pase por algo así, hoy sé que lo que yo viví se llama maltrato, y que todo esto hubiera podido ser evitable, si los que tenían la obligación de asistirme y cuidarme, lo hubieran hecho, en vez de anteponer la comodidad de sus agendas, o la desidia de no actualizarse profesionalmente como corresponde.
>
> María Paula Cavanna

Atreverse a cuestionar la historia oficial de nuestros partos, comenzar a buscar información y permitirnos experimentar la rabia no sólo es doloroso. También, es el inicio de un proceso de liberación de consecuencias inimaginables. Afortunadamente, cuando preguntas en voz alta, terminas encontrando algunos regalos inesperados en tu camino, y muy especialmente si en esa travesía del desierto buscas la compañía de otras mujeres en circunstancias similares.

La herida de la feminidad

El parto es mucho más que la llegada al mundo de un hijo. Es también un momento crucial en la feminidad de muchas mujeres. Casi siempre se olvida algo fundamental respecto al parto: que es un momento singular, único de nuestra vida sexual. En realidad, buena parte del malestar de muchas madres con su cesárea viene de ahí, porque intuyen que ha faltado algo. En lo más profundo de su ser, se sienten robadas, heridas. ¿Cómo puede saber lo que se ha perdido una mujer que nunca ha tenido un orgasmo? ¿Y cómo es posible que algunas —pocas— mujeres refieran que en sus partos vaginales experimentaron un placer de intensidad similar o superior al orgasmo?[12]

Para muchas madres atreverse a hablar de su cesárea, nombrar su decepción, contar el maltrato al que fueron sometidas en sus partos, es empezar a recorrer el camino de la reconciliación con el propio cuerpo y con su sexualidad. Un camino duro y tal vez inesperado, pero también lleno de hermosas sorpresas. Muchas madres van descubriendo en ese trayecto el incomparable apoyo de otras madres, amigas, hermanas. El placer de amamantar permite a muchas reconocer sensaciones nuevas del propio cuerpo. El dolor anímico de la cesárea hace reflexionar sobre qué tipo de madre se quiere ser. Madres que estuvieron separadas veinticuatro o cuarenta y ocho horas de sus hijos tras el nacimiento aprenden a relacionarse con los pediatras de una manera mucho más asertiva y eficaz. Mujeres que nunca se habían sentido satisfechas con sus cuerpos empiezan a reconciliarse, a aceptar con orgullo las curvas o los kilos de más que la maternidad les ha traído. Algunas eligen el activismo, ayudar a otras madres, intentar cambiar las cosas para que nuestras hijas no tengan que pasar por lo mismo, para que nuestros niños hereden un mundo mejor.

Este camino de autoconocimiento a veces provoca miedo. Muchas madres se encuentran solas y sienten ganas de volver atrás, de negar el propio sufrimiento y se dicen: «Qué exagerada soy, seguro que no es para tanto». Jeanine Parvati-Baker, sanadora norteamericana, nos explica:

> Cuando una madre que ha sido abierta empieza a sentir que su cesárea fue un viaje iniciático y se permite explorar los aspectos más profundos de la curación, se libera una cantidad enorme de energía psíquica. Reprimir o negar el trauma requiere muchísima energía pero una vez que la experiencia se integra (es decir, se siente, se expresa y se libera), toda la energía que antes se utilizaba para defenderse se libera para la acción creativa[13].

¿Y el padre?

La cesárea afecta la relación de pareja. A pesar de estar aliviados o contentos por tener un hijo sano, los padres también suelen experimentar sentimientos de incompetencia, aislamiento, tristeza, miedo, estrés, rabia, preocupación, nerviosismo, decepción y sensación de fracaso por no haber cumplido con el papel que se esperaba de ellos como soporte activo en el parto[14]. Estas sensaciones se intensifican si el padre no ha podido estar con su mujer mientras le hacían la cesárea. En realidad, una manera sencilla de minimizar el sufrimiento emocional de la intervención es permitir la presencia del padre u otro acompañante elegido por la madre durante la operación, práctica que ya es habitual en otros países europeos.

A menudo, él no puede entender por qué su mujer está tan mal después de haber tenido un hermoso bebé. Juan, el padre de un niño de dieciocho meses, lo expresaba así:

> Durante más de un año, no he podido entender por qué María estaba tan obsesionada con su parto, por qué seguía buscando información en todas partes, por qué lloraba o se indignaba tanto al hablar de su cesárea, si nuestro hijo es precioso y está

feliz y sano. Sólo ahora, después de año y medio, empiezo a comprender que lo que pasó tuvo que ser muy grave para que mi mujer haya estado tan mal durante tanto tiempo...

Los hombres son también víctimas de la violencia con que se trata a sus mujeres en los partos, aunque sea de diferente manera. Es difícil para ellos entender el malestar de sus mujeres con la cesárea o la indignación que algunas sienten con los médicos que les atendieron. Sólo desde un diálogo sincero en la pareja, escuchando cada uno cómo se sintió el otro sin juzgarlo o negarlo, se podrá avanzar hacia la superación. De otra manera, la herida de la cesárea puede terminar siendo una brecha insalvable en la pareja.

Curando la herida emocional

El camino hacia la recuperación emocional de la cesárea puede parecer complicado o difícil, pero aceptar los sentimientos propios como válidos y utilizarlos como guía hacia la sanación suele ser el primer paso. El proceso es doloroso, sin embargo, a largo plazo, suele producir una aceptación del trauma y un bienestar emocional inimaginable en un inicio.

Deja que tu dolor te guíe. En la sociedad en que vivimos, el sufrimiento tiende a ser minimizado. La primera norma cuando analizas tu malestar o dolor es que es válido. Y que no permite comparaciones. Sólo tu dolor te puede guiar. Debes respetarlo, honrarlo y aceptarlo; probablemente te acompañará hasta que sanes tus heridas. El día que estén curadas, probablemente, el dolor te abandone, o tal vez se convierta en un viejo amigo que te permitió aprender una extraordinaria lección.

Hablar de todos los sentimientos relativos a tu cesárea (o parto traumático) facilita el ir curando la herida emocional. Es muy importante elegir el interlocutor adecuado: es más fácil que otras mujeres que han pasado por experiencias similares te puedan entender y ayudar. Los *grupos de apoyo* a la lactancia y a la crianza natural son espacios muy cálidos donde las madres pueden contar sobre sus partos y sentirse escuchadas y comprendidas. Los foros en Internet también permiten contactar a madres que han pasado por partos traumáticos o cesáreas.

La *escritura* es una de las formas más sencillas y saludables de terapia. Escribir la historia del parto suele ser un paso necesario y muy reparador. Algunas madres tardan meses o incluso años en ser capaces de redactar todo lo que vivieron en ese momento, pero al concluir el relato, suelen sentirse bastante aliviadas. Una vez conseguido, puedes comenzar un ejercicio: *escribe sobre el parto soñado*, el que no pudo ser, el encuentro deseado, cómo te gustaría que hubiese sido el nacimiento. Hazlo como una manera de recuperar esos sueños y reconocer la belleza que había en ellos, lo que te habría gustado ofrecer a tu bebé como llegada al mundo, y consérvalo como un regalo para ti o para tu bebé.

Puedes utilizar la historia del parto, una vez escrita, de distintas maneras. Algunas madres deciden compartirla con su pareja o con familiares para que estos puedan entender lo que ellas vivieron. Otras veces se puede compartir en los grupos de ayuda de Internet. Si consideras que el trato recibido por parte del personal médico no fue el correcto, puedes enviar tu relato a los jefes de obstetricia o de parteras del hospital para que sepan cómo te sentiste y puedan reflexionar sobre cómo mejorar el trato a las parturientas.

La recuperación emocional suele ser larga y laboriosa. Algunas madres sienten que están demasiado obsesionadas con su cesárea, hasta meses o años después. Continuamente, buscan información o no dejan de pensar en ello. Es normal, pero del mismo modo que es bueno dedicar tiempo a analizar la propia historia y los sentimientos, también, se pueden tomar «vacaciones» de vez en cuando.

El trabajo emocional es diferente en cada caso. Si te atreves a escuchar tus propios sentimientos, sin juzgarlos ni rechazarlos, poco a poco irás viendo que estos te guían en tu proceso de sanación. Así, la tristeza inicial puede dar lugar a sentimientos de rabia o enfado, que se pueden traducir en celos o envidia de otras madres que consiguen un parto respetado con aparente poco esfuerzo[15]. Otras veces, la rabia da paso a la culpa, a sentir que se le ha fallado al bebé o a sí misma... Poco a poco, hay que ir *reconociendo todo el mérito que tienes*, que hiciste siempre lo que pensabas que era mejor. No se trata de culparse, sino de ir haciendo las paces, celebrando que la maternidad muchas veces significa aceptar nuestros errores y que no por eso los hijos nos quieren menos. Más bien ocurre al revés: reconocer nuestros límites nos permitirá enseñarles a ellos a quererse a sí mismos. No es fácil ser madre hoy en día, estamos llenas de contradicciones y a menudo tenemos conflictos con el trabajo o la pareja. Quiérete, no te juzgues, con todos tus defectos y virtudes, seguro que tus hijos nunca te cambiarían por otra.

Igual te suena extraño, pero intenta hacer una lista de *diez cosas buenas* que te aportó la cesárea. Es posible que sólo encuentres una o dos, a lo mejor tardas un tiempo en completarla; no hay ninguna prisa. Hasta en las experiencias más dolorosas hay detalles hermosos que nos ayudan a asimilarlas, permítete buscar todo lo bueno que la cesárea aportó a tu vida. Algunas de estas cosas positivas que a veces comportan las cesáreas, incluso si son innecesarias, son: volverse más consciente de la necesidad de escuchar al cuerpo o seguir tu criterio incluso si no coincide con el de los demás, valorar la lactancia, participar de manera activa y responsable en las decisiones que conciernen a la salud de tus hijos o la tuya propia, descubrir otra forma de relacionarte con tu cuerpo...

El *trabajo* con tu anatomía y tu mente puede ser de gran ayuda: los masajes, la terapia cráneo-sacral, la bioenergética y otras técnicas que fomentan la conexión con el cuerpo facilitan la reparación de la herida emocional y facilitan retomar la confianza.

¿Y el bebé? Si te permites a ti misma expresar tus emociones, verás cómo te resulta más fácil relacionarte con tu bebé. Puedes contarle cómo te encuentras, nuestros hijos nos escuchan y nos

entienden mucho mejor de lo que pensamos. Dile que aunque lo quieres con toda tu alma, estás triste porque no lo pudiste recibir como soñabas. Intenta explicarle que sientes que tuviera que vivir sus primeras horas o días rodeado de desconocidos, y tranquilízalo contándole que no volverá a pasar por algo así. Puedes confesarle que lo admiras y lo quieres por lo bien que trabajó en el parto, por haber protestado cuando lo separaron de ti o por querer estar siempre con ustedes. Enséñale lo hermosa y contradictoria que es casi siempre la vida. No temas las secuelas que le puedan quedar a tu hijo por la cesárea o la separación en las primeras horas; afortunadamente, la capacidad de reparación de los seres humanos es infinita. Si le ofreces amor y cariño, crecerá estupendamente.

Si la cesárea fue traumática, te puede resultar difícil celebrar los primeros cumpleaños de tu hijo. Tranquila, no serás la primera madre que la víspera de ese día pasa un buen rato llorando al recordar todo lo que le aconteció hace un año a las mismas horas. La experiencia de muchas madres en este aspecto es reconfortante: conforme pasan los años, se puede integrar la pena por la cesárea a la alegría que provoca ir viendo lo rápido que crecen. El primer aniversario puede ser más difícil, pero los siguientes serán mejores, dalo por seguro.

Cuando a la cesárea se suman otras pérdidas

Algunas madres además de tener una cesárea han tenido una pérdida inmensa: han perdido el niño, antes o después del nacimiento, o han perdido el útero y con ello la posibilidad de tener más hijos. En estos casos, puede parecer que lamentarse por la cesárea es algo trivial. En realidad, el dolor por la pérdida de un hijo también se suele silenciar en nuestra sociedad. A algunos padres se les prohíbe abrazar a sus bebés gravemente enfermos, diciéndoles «que al sacarlos de la incubadora podrían desestabilizarse aún más». Hay bebés que mueren con una o dos semanas de vida sin que a sus padres se les haya permitido abrazarlos antes de morir por culpa de las normas del hospital. ¿En nombre de qué medicina se puede permitir algo así? Si un solo bebé muere sin que lo hayan abrazado sus padres, ¿no está fracasando el sistema hospitalario? ¿Para qué queremos la sanidad si no es para cuidar de lo más frágil y precioso que tenemos en la vida? Es una desgracia absoluta que se niegue sistemáticamente que el amor de unos padres por sus hijos puede curar o mejorar muchas situaciones médicas. Si un bebé va a fallecer, necesitará hacerlo rodeado de amor y paz. Poder acompañar a sus hijos en semejante trance es muy doloroso para los padres, pero aún les dolerá más saber que su bebé murió en soledad. Y si el bebé está muy enfermo y recibe todo el amor de sus padres, tal vez su pronóstico mejore milagrosamente. Por eso, es tan importante reclamar la aplicación del método canguro a todos los bebés prematuros y a los recién nacidos hospitalizados, tal y como recomienda la Organización Mundial de la Salud.

Las creencias religiosas o espirituales han ayudado a muchos padres y madres a sentir la presencia del hijo que murió demasiado pronto, en el parto del siguiente, ayudando a nacer a su hermano o hermana.

Se puede perder un hijo y además lamentar que naciera por cesárea. Precisamente por ese amor hacia el hijo, se pueden llorar todas las pérdidas: duele porque se le amaba. Porque el nacimiento y la muerte deberían producirse siempre rodeados de amor.

Libros recomendados

- *Puerperios y otras exploraciones del alma femenina,* Laura Gutman, Editorial del Nuevo Extremo.

- *Cuerpo de mujer, sabiduría de mujer*, Christine Northrup, Editorial Urano.
- En inglés: Lynn Madsen, *Rebounding from childbirth: toward emotional recovery*, Bergin and Garvey, CT, 1994.

Notas

1. J. Fisher, J. Astbury y A. Smith, «Adverse psychological impact of operative obstetric interventions: a prospective longitudinal study», *Aust N Zeal J of Psych*, 1997, 31:728-738.
2. S. Lyon, «Postraumatic stress disorder following childbirth: causes, prevention and treatment», en S. Clement (comp.), *Psychological perspectives on pregnancy and childbirth*, Edimburgo, Churchill, 1998, págs. 123-143.
3. E. L. Ryding, B. Wijma y K. Wijma, «Postraumatic stress reactions after emergency caesarean», *Acta Obstetrica et Gynecologica Scandinavica*, 1997; 76; 856-861.
4. S. Clement, «Psychological aspects of caesarean section», *Best Pract Research Clinical Obst and Gynaecology*, vol. 15, no. 1, 2001, pág. 109-126.
5. P. Goodman, M. C. Mackey, A. S. Tavakoli, «Factors related to childbirth satisfaction», *J Adv Nurs*, 2004, Apr; 46(2):212-9.
6. C. Nuttall, «The cesarean culture of Brazil», *British Medical Journal*, 2000, 320, 1072.
7. I. Olza, «Aspectos psicosociales del parto cesárea», *Revista OBSTARE*, número 8, marzo 2003.
8. Cheryl Beck, «Post-traumatic stress disorder due to childbirth. The aftermath», *Nursing Research*, July August 2004, vol. 53, no. 4.
9. *Op.cit.* Clement, S. 2001.
10. *Ibíd*.

11. I. Olza y I. Gainza, «Alternativas al tratamiento psicofarmacológico en madres lactantes con depresión postparto en atención primaria», *Revista OBSTARE*, número 7, enero 2003.
12. J. Merelo-Barberá, *Parirás con placer*. Ed. Kairós, 1980.
13. Jeanine Parvati-Baker, «From Womb to Underworld and Back Again: Healing Cesarean Section», *Freestone Innerprizes*, 2002 (www.freestone.org/articles/FromWombToUnderworld.html).
14. S. Lee, «Having a baby by cesarean: an experience for fathers», *Soc Work Hlth Care*, 11, 41-52, 1986.
15. Lynn Madsen, «Rebounding from childbirth: toward emotional recovery», *Bergin and Garvey*, CT, 1994.

6

El fracaso de la obstetricia moderna

Existe un consenso generalizado de que uno de los principales factores que complican el parto, y que por lo tanto incrementan la mortalidad materna e infantil, es la incapacidad de los obstetras para observar y permitir el curso natural del parto sin interferirlo. Puede ser por un exceso de celo o por la ansiedad fruto de la ignorancia; el caso es que es incuestionable que las interferencias siguen siendo uno de los mayores peligros para la madre y el bebé en el parto.

Grantly Dick-Read
Childbirth Without Fear 1933

Los avances científicos del siglo XX han producido un efecto paradójico en la salud de las madres occidentales. Por un lado, la mortalidad maternoinfantil ha disminuido hasta límites bajísimos. Por otro, es casi imposible que una madre y su bebé salgan indemnes del parto. Que una mujer dé a luz sin un solo rasguño es bastante excepcional. En los más prestigiosos hospitales del mundo occidental, casi todas las mujeres salen de la sala de partos con un corte en la vagina de mayor o menor tamaño, o bien en el abdomen. Además, muchas fracasan en el intento de amamantar a sus hijos por culpa de prácticas hospitalarias que entorpecen el inicio de la lactancia. Las madres que han disfrutado de un parto gozoso, que no han precisado de ningún punto de sutura, cuyos bebés tampoco han sufrido prácticas rutinarias de reanimación, y que además han podido disfrutar de la lactancia materna desde el primer momento, son una minoría absoluta.

Existe una legión de mujeres que salen del parto con puntos en la vagina o heridas en el abdomen, con bebés que o bien experimentaron prácticas de reanimación, o bien no pudieron disfrutar de una madre en plena forma durante los primeros días de vida y que, desde muy pronto, han tenido que optar por una lactancia mixta o artificial.

La epidemia de «inne-cesáreas» es el más claro reflejo del fracaso de la obstetricia moderna. La cesárea, la intervención estrella de la obstetricia, el verdadero salvavidas para los casos más graves, la que probablemente podría considerarse el mayor éxito de la cirugía moderna, se ha convertido a su vez en la mayor agresión para las madres y los niños cuando se practica de forma indiscriminada y sin motivo, o cuando se convierte tristemente en la única opción para solucionar el desaguisado producido por el uso indiscriminado de otras técnicas obstétricas (inducción, rotura artificial de bolsa, estimulación sistemática con oxitocina, monitorización electrónica fetal continua) que sólo deberían utilizarse en una minoría de casos.

Así, la cesárea, una operación de cirugía mayor, ha pasado a ser un asunto central de la salud de las madres, la mayoría personas jóvenes y sanas. Es objeto de numerosos debates éticos, que van desde las posturas que identifican las cesáreas innecesarias como una forma de violencia contra la mujer, hasta las que defienden el derecho de la mujer a solicitar la intervención incluso cuando no es en absoluto imprescindible, a pesar de que los riesgos superen ampliamente a los del parto vaginal.

A lo largo de los últimos treinta años, la cesárea ha dejado de ser una intervención excepcional para convertirse en una manera habitual de nacer. En la mayoría de los países, la tasa de cesáreas no ha dejado de crecer. Hasta 1990, el aumento en el número de estas intervenciones en los países más desarrollados se asoció con un descenso paralelo de la mortalidad perinatal. Sin embargo, a partir de esa fecha, la tasa de cesáreas ha seguido en aumento sin que se hayan registrado mejorías en el pronóstico perinatal[1].

En España, la tasa de cesáreas pasó del 9,7 por ciento en 1984 al 18,2 en 1998; en el 2001, la tasa ya rondaba el 23. En Estados Unidos, en el año 2003, se superó el 27 por ciento de cesáreas. En México, Chile y Brasil las tasas son incluso mayores. La Organización Mundial de la Salud (en la declaración de Fortaleza de 1985 y en todas las posteriores) es explícita: «Algunos de los países con una menor mortalidad perinatal en el mundo tienen menos de un 10 por ciento de cesáreas. *No puede justificarse que ningún país tenga más de un 10 o un 15 por ciento*»[2].

Basta comparar las tasas de cesáreas de distintos lugares (sean hospitales, provincias o países) para comprender que las indicaciones que dan lugar a cada intervención superan ampliamente los motivos estrictamente médicos.

Esa disparidad entre las tasas que recomienda la Organización Mundial de la Salud y las actuales da una idea de la magnitud del problema: miles de mujeres se ven sometidas cada año a una cirugía mayor abdominal innecesaria en uno de los momentos que se suponen más gozosos y cruciales de su vida. Intervención que pone en peligro su salud y la de sus bebés, con un sufrimiento incalculable y numerosas repercusiones. El coste es tremendo, no sólo económico o social, también personal e íntimo, social y familiar. Es cierto que la mortalidad de la cesárea ha disminuido conforme han mejorado las técnicas quirúrgicas y anestésicas, pero a pesar de todo la mortalidad sigue siendo de cuatro a seis veces superior a la de un parto vaginal. ¿Cómo hemos llegado a esta situación?

Teorías sobre el aumento de cesáreas innecesarias

¿Por qué se hacen tantas cesáreas? ¿Qué motivos hay para que una de cada cuatro mujeres como mínimo dé a luz por cesárea? Probablemente, no podamos encontrar una única respuesta, pero sí revisar las explicaciones que se han propuesto desde ámbitos tan diferentes como la obstetricia, la sociología, la economía o incluso la filosofía. Veamos en primer lugar cuáles son los *motivos médicos*.

En España, según la encuesta nacional para la base de datos perinatales del año 2000, las indicaciones más frecuentes para la cesárea eran:

CAUSA	%
Distocia	39,55
Sospecha de riesgo de pérdida del bienestar fetal	20,50
Cesárea anterior	15,52
Presentación podálica (nalgas)	15,74
Otras	8,69

Los mismos ginecólogos que publican esos resultados reconocen preocupados que «estas cuatro causas son las responsables del 75-90 por ciento del aumento de la tasa de cesáreas en los años setenta y del 98 por ciento del aumento en los ochenta, siendo estos diagnósticos los que aportan a menudo un beneficio menos evidente»[3]. Esto coincide con lo que pasa en otros países. Un editorial reciente en el *British Medical Journal* señalaba:

> La mayoría de las cesáreas se hacen por tres indicaciones: sufrimiento fetal, distocia y cesárea anterior. No hay apenas estudios controlados que demuestren los beneficios o riesgos de la cesárea

Después de más de treinta horas de parto, Bodhi nació por cesárea respetuosa el 9 de julio de 2005 a las 11.21 de la mañana. Jill Sawchuck, su madre, pudo abrazarlo al nacer, en compañía del padre, Daniel Gradilla Flores (la foto está sacada a las 11.23). Y a los pocos minutos de nacer Bodhi, Jill pudo hablar con su familia en Canadá, para contarles que ya tenía a Bodhi en sus brazos. Un detalle más que muestra que la cesárea también puede ser toda una celebración familiar y un nacimiento respetuoso.
Obstetra: Dr. José Luis Grefnes. Doula: Joni Nicols
Fotos: Joni Nicols, Guadalajara, México

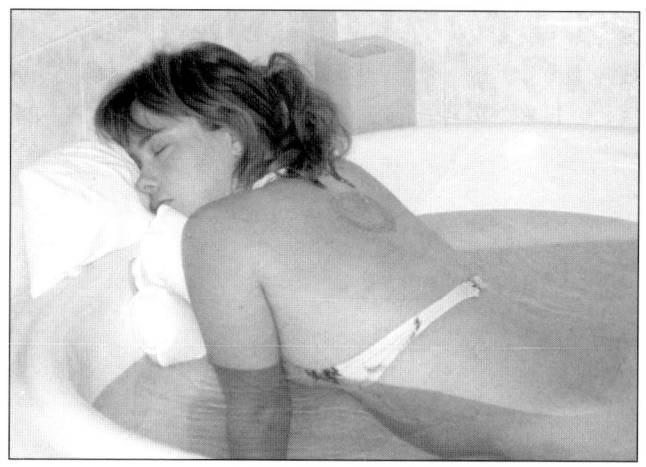

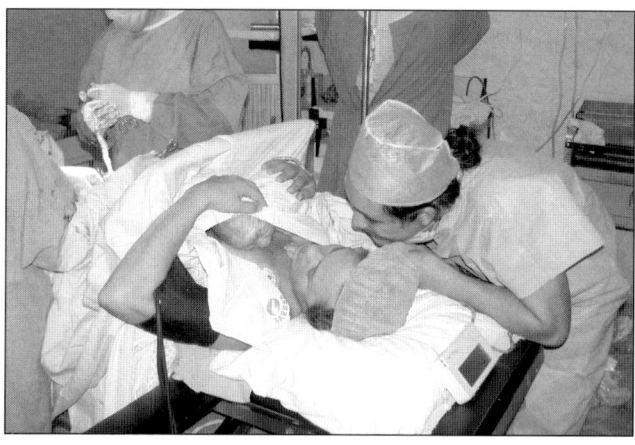

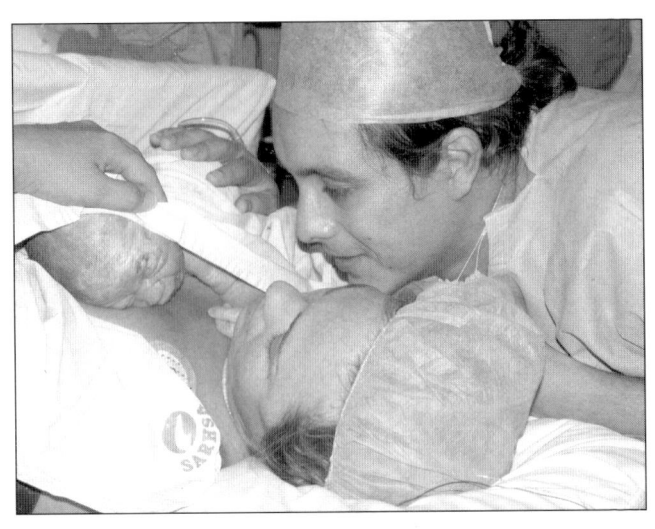

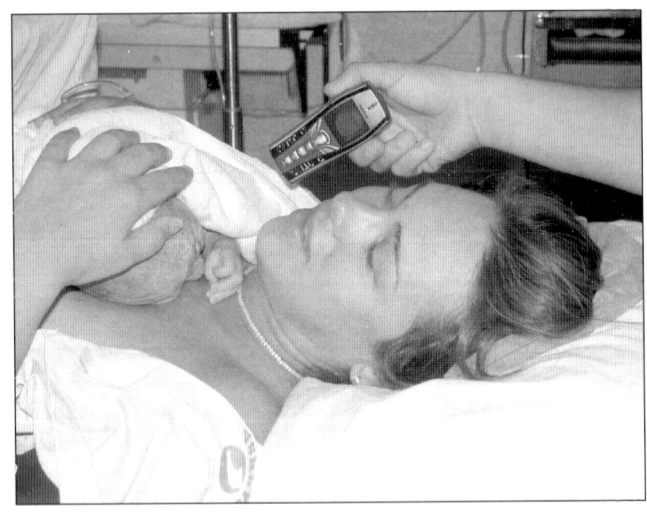

Nacimiento por cesárea de Karaly. El padre de Karaly, Carlos Gutiérrez, permaneció en el quirófano junto a su mujer, Iliana Gascón, en todo momento. Iliana pudo abrazar a su hija al nacer y ya no se separó de ella. Karaly nació el 22 de mayo de 2004 en Guadalajara, México. Fotos: Joni Nicols, Grupo Plenitud.

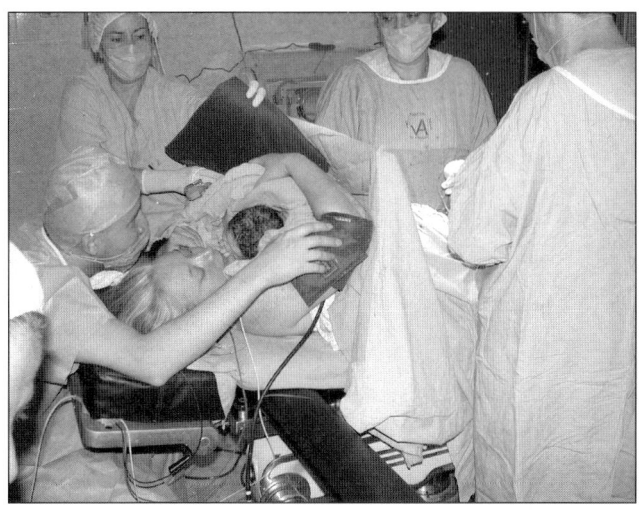

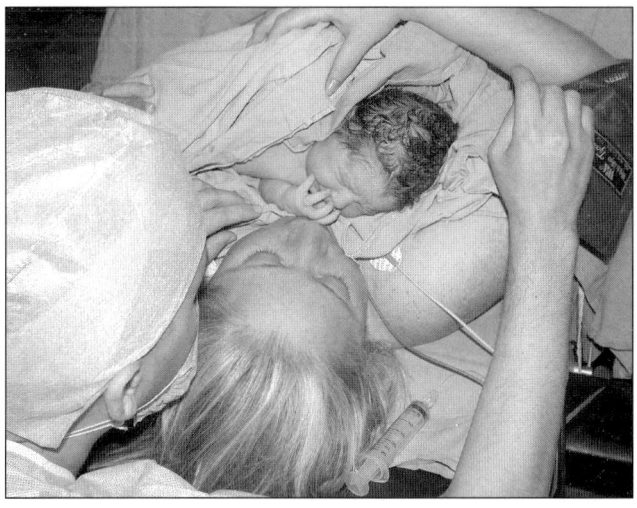

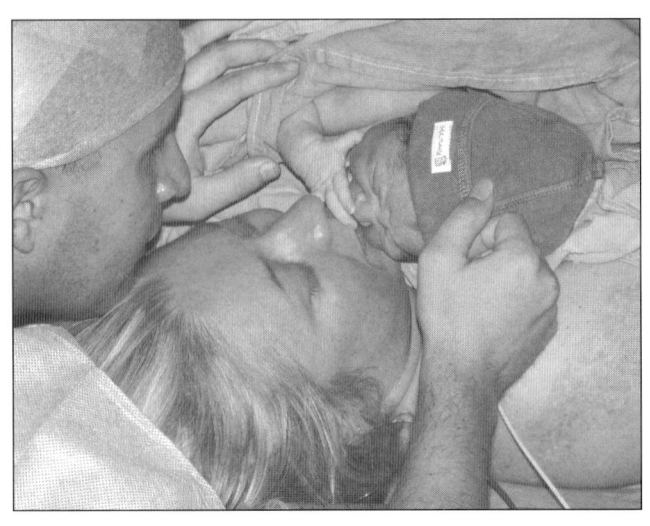

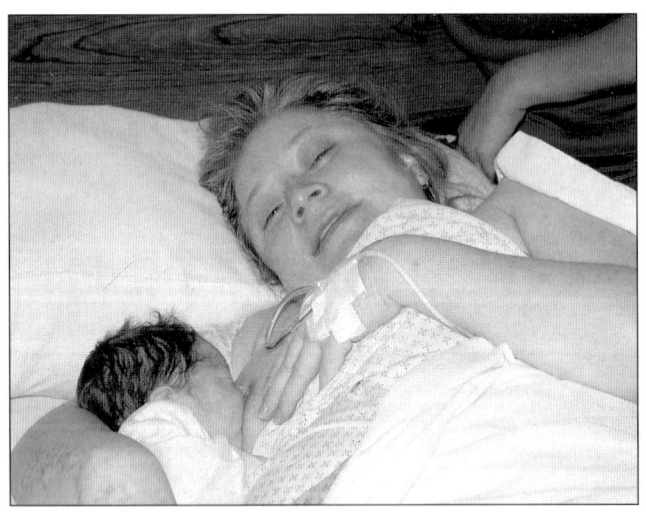

en estos casos. Un objetivo claro debería ser realizar dichos estudios. Sin embargo, esto llevará mucho tiempo.

Otro objetivo, por lo tanto, debería ser establecer un debate completo y honesto sobre los aspectos éticos del papel del médico, las preferencias del paciente y el consentimiento informado en las cesáreas[4].

¡Pues si que estamos bien! Los obstetras dicen que la mayoría de las cesáreas se realizan por distocia y/o sufrimiento fetal sin que esté claro que hacer cesárea por esos motivos sea claramente beneficioso. Distocia significa parto que no avanza como es debido. ¿Qué está sucediendo para que tantos y tantos partos no progresen como es debido? ¿Por qué tantos bebés sufren en el parto?

La gran mayoría de los partos en casi todos los países del mundo occidental tienen lugar en el medio hospitalario. Si queremos indagar en las causas que subyacen en el aumento de las cesáreas parece lógico analizar el manejo que se hace del parto en la mayoría de los hospitales. Así que la pregunta que tal vez deberíamos hacernos es «*¿Por qué es tan difícil parir (bien) en el hospital?*» (parir bien: sin distocia y sin sufrimiento fetal). Sólo podremos responder a esa pregunta, revisando la fisiología del parto, es decir, entendiendo cómo funciona.

El parto es un acto sexual

El parto y el nacimiento son actos de la esfera sexual, y como todos los actos de este ámbito necesitan intimidad y respeto a los ritmos de cada persona, en este caso de la mujer. A la mayoría de los mortales nos resultaría bastante difícil hacer el amor delante de cuatro o cinco desconocidos que nos miran bajo un potente foco de luz y que nos dicen en todo momento en qué punto nos encontramos. ¿Por qué muchas parejas buscan la penumbra para hacer el amor o simplemente cierran los ojos? ¿Por qué una llamada de teléfono puede interrumpir la relación amorosa hasta el punto de que luego sea casi imposible recuperar la excitación? ¿Por qué a veces un par de copas de alcohol hacen que sea mucho más placentero y sencillo dejarse llevar y disfrutar del sexo? La respuesta es sencilla. Para hacer el amor, se necesita en cierto modo dejar de pensar. O lo que es lo mismo, «desconectar» la corteza cerebral, el llamado *neocórtex*, la parte del cerebro con la que pensamos y que nos diferencia del resto de mamíferos. Necesitamos permitir que nuestro cerebro se deje guiar por las señales del cuerpo para «sentir» con intensidad, tanto para hacer el amor como para poder parir.

El parto es un acto sexual, o incluso la culminación del mismo tras nueve meses de gestación. Los humanos somos mamíferos y parimos como tales. El parto es un momento amoroso en el que intervienen las mismas hormonas que cuando hacemos el amor. No hay una manera buena o mala de hacer el amor, hay infinitas formas y preferencias; lo importante es respetar el ritmo y las necesidades de cada persona. Pero para tener una relación placentera, necesitamos sentirnos seguros y respetados. (El extremo opuesto sería una violación.) Exactamente lo mismo sucede con el parto.

Estos ritmos, durante el amor y en el parto, están marcados por las propias hormonas: oxitocina, endorfinas, prolactina y adrenalina. Si repasamos los efectos de las hormonas principales que actúan durante el parto, podemos entender mejor su fisiología y la necesidad de un ambiente propicio que potencie la expresión del cerebro mamífero. Las *hormonas son los mensajeros* de nuestro cuerpo, las que se encargan de coordinar todas las funciones. Veamos un esquema práctico de las diversas acciones que producen, en los mamíferos, la oxitocina, la prolactina, la adrenalina y las endorfinas.

- *Oxitocina.* También conocida como «hormona del amor». Se produce en gran cantidad en el preludio del amor, y en los orgasmos masculino y femenino. La oxitocina provoca las contracciones uterinas que facilitan la fecundación y el parto. Presenta un pico hormonal en el embarazo y el parto, y también en la hora después del parto, en el inicio del vínculo con el hijo. Su secreción (o inyección) promueve actos de comportamiento maternal: una mayor ocupación de las crías, mecer a los hijos, etcétera, incluso en seres vírgenes. Esta respuesta se da tanto en machos como en hembras, en todo tipo de animales sociales. Se considera la hormona del altruismo, del olvido de uno mismo. Es significativo que la oxitocina deprima la memoria. Esta hormona aumenta antes y durante la toma de lactancia. El bebé, por tanto, bebe oxitocina en cantidades significativas.

- *Prolactina*. Es la hormona productora de la leche materna. Una secreción alta empuja al animal a hacer el nido. Genera estados agresivos, en ciertas circunstancias, en las madres lactantes. Inhibe la líbido (el deseo sexual) en ambos sexos. Engendra estados de sumisión, de subordinación y de cierta ansiedad: todas estas actitudes son ventajosas para la supervivencia. La prolactina, con estas acciones, junto con la oxitocina, orienta a la madre hacia el cuidado y la atención del bebé.

- *Adrenalina*. Es la hormona del estrés, de la alerta. Aumenta la tensión arterial de manera significativa. Durante el trabajo de parto, si existen altos niveles de adrenalina, se endurece el cérvix, retrasando la dilatación y haciéndola más dolorosa. En el expulsivo, hay un aumento de los niveles de adrenalina, que favorece el reflejo de expulsión fetal, y el posterior inicio del vínculo.

- *Endorfinas*. Son las sustancias del placer, de efecto similar a la morfina, liberadas por el cerebro en determinadas circunstancias, especialmente en situaciones que producen dolor. Se encuentran niveles muy altos en el parto, pero varían mucho según el estado físico, psíquico y emocional de la mujer. Su secreción la favorece un ambiente de parto tranquilizador, confiado y con escasos estímulos sensoriales (luces, ruidos, conversaciones...). Si es así, el bebé se encontrará impregnado de altas dosis de endorfinas, que le facilitarán la experiencia de su parto. Las endorfinas también provocan la liberación de prolactina.

Cómo transcurre el parto normal

Días antes de que se produzca el parto, el cuerpo se va preparando; son los llamados *pródromos del parto*, algo así como un calentamiento de motores, una puesta a punto. La mujer puede ir teniendo sensaciones más o menos molestas que, a veces, le hacen creer que el parto está empezando. Son contracciones un poco intensas e irregulares, con presión en la pelvis, que van madurando el cuello del útero y mejorando la posicion del bebé. Pero no es trabajo de parto. Y pueden durar varias horas o varios días, de manera intermitente, antes de que empiece el parto propiamente dicho.

Es el bebé quien inicia el parto, quien envía la señal al cuerpo de la madre de que ya está preparado para nacer, quien desencadena la cascada de hormonas que provocan el parto. El trabajo empieza cuando la mujer tiene contracciones cada 3-4 minutos que duran 40-60 segundos, y presenta 3-4 centímetros de dilatación del cuello uterino. Conforme avanza, va borrándose el cuello, se va estirando y abriendo, se dilata. Llega un momento en que la mujer ya no puede seguir con lo que estaba haciendo. Todo lo que la rodea le empieza a parecer muy bonito (efecto de la oxitocina). Dejados a su curso natural, casi todos los partos sucederían en medio de la noche.

La mujer necesita sentirse a su aire, sin interferencias exteriores ni estímulos que la estorben en su viaje interior. Respirando relajada durante la contracción, adormilada entre contracciones, conseguirá producir gran cantidad de endorfinas que le aliviarán el dolor y le harán perder la noción del tiempo. Así, esta «borrachera» hormonal potenciada en un ambiente de intimidad, oscuridad y silencio, sin sentirse observada ni rodeada de charlas inútiles, hace posible una buena evolución del parto. Se quitan inhibiciones, el cuerpo se expresa y se mueve a su antojo, las contracciones son eficaces y el bebé desciende ayudado por posturas verticales.

En cierto momento, la mujer tiene ganas de empujar. Sin prisas y sin medir el tiempo, el bebé sigue descendiendo por la vagina, y la mujer se acostumbra a esa sensación de abrirse, de partirse... Y de repente, la madre, ayudada por un súbito impulso de su adrenalina, tiene unas ganas imparables de empujar con el bebé ya en la vulva. Es lo que se llama el *reflejo de eyección fetal*. Siente que se abre la vulva y que la piel le quema, si no le han hecho la episiotomía. Los labios vaginales se estiran progresivamente, y en unas cuantas contracciones más, la cabeza del bebé corona la vulva y, con cuidado, se desliza por ella. Con suavidad, sale el resto del cuerpo. Entonces, se pone al bebé en brazos de su madre. El cordón umbilical generalmente sigue latiendo, oxigenando al bebé como antes; y este no tiene la urgencia de respirar. Abre los ojos y así se queda si la luz no le incomoda. Inicia su respiración poco a poco, sin prisas, sin lloros. Y tal vez, cuando el cordón umbilical se colapsa, lloriquea un poco porque ya tiene que utilizar los pulmones para siempre. Quizás estornude para expulsar mocos, pues pocas veces se hace necesario aspirarlos. Y a los 15-30 minutos de vida sobre el pecho de su madre, ya adaptado a sus nuevas funciones vitales, buscará el pezón para jugar con él, reconocerlo, y, por fin, mamar con gusto y asombro el calostro, el rico maná de la vida que tantos beneficios tiene para su salud.

Así funciona el parto. Estos son los mecanismos naturales del cuerpo. Claro que esto no significa que todos los partos vayan bien. Pero la inmensa mayoría de los partos pueden iniciarse de una manera espontánea, natural. Y continuar en esas condiciones descritas anteriormente, que facilitan su desarrollo y evitan patologías, con frecuencia producidas por la sistematización de los protocolos médicos.

Pero ¿qué pasa en el hospital? Pues que muchas de las prácticas médicas cotidianas obstaculizan la evolución fisiológica y natural del parto.

En primer lugar, a menudo, se ingresa a la mujer que tiene *pródromos de parto*. Con esto, ya se pone en marcha el cronómetro: se espera que el niño nazca antes de un tiempo determinado. Lo que pasa es que los pródromos pueden durar unos cuantos días, las contracciones pueden empezar y detenerse al cabo de unas horas y no volver a empezar hasta pasado un día o dos más. Un artículo de la Sociedad Española de Ginecología y Obstetricia SEGO dice que una manera de reducir las cesáreas es «no ingresar a la mujer que no está de parto»[5].

Estar dilatada de cuatro centímetros sin contracciones no es estar de parto, tampoco echar el tapón, ni tener contracciones moderadas e irregulares durante horas, aunque molesten, ni siquiera romper aguas...

El ingreso en el hospital podría hacerse cuando el trabajo de parto ya es evidente, lleva tiempo iniciado y no se confunde con el preparto. De todas maneras, está bien estudiado que cuando la mujer en trabajo de parto cambia de lugar, las contracciones disminuyen temporalmente. El motivo es llegar a un espacio nuevo, con personas desconocidas, algo que genera una actitud expectante y alerta. A esto se suma el tener que atender racionalmente a preguntas y papeles. Por tanto, sabiéndolo, hay que minimizar estas circunstancias y favorecer lo más rápidamente que la mujer de parto vuelva a sentirse en un ambiente confiado, acogedor, íntimo y sin exigencias racionales. Conseguido esto y pasado un tiempo, el trabajo de parto volverá a ponerse en marcha. Espontáneamente y a su ritmo. En este tiempo de parón, cualquier actuación médica innecesaria puede ser contraproducente. Romper la bolsa de las aguas o estimular con oxitocina son intervenciones que pueden provocar distocia de parto al obligar al bebé a un encajamiento forzado o a soportar contracciones excesivas para las que no está preparado. Mejor esperar, sin manipular, a que vuelva a ponerse en marcha, favoreciendo las condiciones para que esto suceda.

La conducta de los profesionales tiene un efecto muy importante sobre la evolución del parto. Ina May Gaskin, una de las matronas más experimentadas de Estados Unidos, lo resumía en una frase: «Basta una mirada hostil para inhibir el parto». Se refiere a la necesidad de *confiar* y abandonarse, la mujer de parto no debe sentirse observada ni manipulada. Debe estar en compañía de personas queridas, pocas, que vivan el parto con discreción, hablando poco y sintiendo mucho. Los procesos de dilatación y parto deben hacerse en un ambiente doméstico, cercano, con claros signos de intimidad: poca luz, poco ruido, etcétera. La mujer de parto debe tener libertad de deambulación y de adoptar las posturas que le pida el cuerpo, o de expresión emocional —llorar, cantar—. Conseguir un estado de intimidad es fundamental para que la mujer acceda a un cambio de estado de conciencia que potencie sus instintos mamíferos. La discreción de los profesionales durante el trabajo de parto es básica en la consecución de esta intimidad. Sin embargo, habitualmente no se usan métodos que favorezcan la evolución natural del parto, como por ejemplo, el apoyo continuo, animar a la mujer a que camine y se mueva durante el parto, y asegurarse de que la parturienta descansa y se alimenta como es debido.

Las rutinas hospitalarias son intervenciones que se hacen a todas las parturientas, incluso si la mayoría de ellas no las necesitan en absoluto. Muchas de estas rutinas se han demostrado obsoletas, sin rigor científico, incluso perjudiciales. Otras, médicamente aceptables, se utilizan a menudo de forma inadecuada. (Véase anexo: Clasificación de las prácticas en el parto normal. Organización Mundial de la Salud.)

El enema y el rasurado del vello púbico. Aunque se continúan realizando de forma habitual, todas las evidencias científicas dicen que son totalmente innecesarios.

En España, el cuidado obstétrico rutinario incluye los enemas, el rasurado del vello púbico y la episiotomía, procedimientos todos ellos que no se basan en la evidencia científica y que ignoran las recomendaciones de la Organización Mundial de la Salud sobre la atención a las mujeres parturientas[6].

Los monitores de control fetal se utilizan de rutina a partir de la semana treinta y siete y durante el parto. La revista *Lancet*, en diciembre de 1987, publicó un estudio multicéntrico de decenas de miles de partos, en los que comparaba la asistencia de grupos de mujeres con monitorización continua y grupos de mujeres asistidas por una escucha intermitente de los latidos fetales. La conclusión global es que el único efecto significativo del uso de la monitorización fetal continua es el aumento del número de cesáreas y fórceps[7]. Múltiples experiencias internacionales avalan en la actualidad que es innecesaria en un parto de evolución normal. El chequeo periódico del bebé durante los minutos de una contracción puede ser suficiente. Este control periódico es posible realizarlo, adaptándose a la posición que en ese momento tenga la mujer, con un *doppler* fetal, o el monitor; incluso ya existe un *doppler* fetal acuático.

El gotero. Hay una tendencia creciente en los hospitales a poner una vía venosa a toda mujer en dilatación, para aplicarle sueros, aunque la mayoría de las mujeres no lo necesiten durante su parto. Esto se hace «por si acaso es necesario» en algún momento. La aplicación de un suero venoso conlleva un riesgo de flebitis, limitación de la movilidad durante el parto y, lo que es más triste, la percepción de estar enferma, de sentir que por sí sola no puede parir a su hijo. La OMS considera que poner una vía venosa e infusiones intravenosas de rutina durante el parto «son prácticas claramente perjudiciales o ineficaces que deberían ser eliminadas».

La rotura de bolsa (amniorrexis o amniotomía). La bolsa de líquido amniótico actúa como protección del bebé durante todo el embarazo e igualmente durante el parto. No debería romperse artificialmente sin motivo. Y, realmente, hay muy pocas razones médicas para hacerlo. Mantener la bolsa íntegra durante el parto previene posibles infecciones fetales, evita prolapsos de cordón umbilical y, sobre todo, disminuye las malas posturas, los malos encajamientos fetales que son causa de muchas cesáreas y fórceps.

El reloj o, lo que es lo mismo, ¿cuántas cesáreas se hacen por fracaso de la espera? La mayoría de los nacimientos sucederían de noche si se les dejara. En vez de eso, se hacen cesáreas a las cinco de la tarde «porque se había detenido la dilatación...».

Las inducciones. En España, en la medicina privada, se practican el doble de cesáreas que en los hospitales públicos. Este aparente misterio tiene un motivo claro, el *uso indiscriminado de la inducción del parto*. El médico privado puede que no gane mucho más dinero haciendo una cesárea, pero gana tiempo, tranquilidad y horario del parto a su gusto. Más de la mitad de las primíparas acaban en cesárea con este abuso de la inducción. Y además, no se les informa de estos resultados. La secuencia es conocida por muchas mujeres que pasaron por ese trance. El ginecólogo les dice al final del embarazo: «El bebé ya está muy grande», «la placenta está envejeciendo», «la monitorización fetal está bien, pero...». «Mira, mejor provocamos el parto ya y así no habrá problemas después». La mujer va por la mañana, le ponen un gotero de oxitocina, sufre durante unas horas contracciones en las que sólo da tiempo a madurar el cérvix. Al mediodía, el médico les dice que no dilata y que hay que hacer una cesárea. Por la tarde, con su hijo en brazos (o en el nido), ella piensa que su cuerpo no es capaz de dilatar, mientras el médico está pasando su consulta privada.

Hay que saber que si se necesita inducir un parto por algún motivo médico, las cosas se hacen de otro modo. En primer lugar, para madurar el cérvix se administra un gel de prostaglandinas en cérvix o en vagina. A veces, también es suficiente para producir buenas contracciones de parto. Si no las produce, unas horas después de su aplicación, se pone el suero con oxitocina y cuando se consiguen contracciones fuertes cada 3-4 minutos y el cérvix tiene 2-3 centímetros de dilatación, se empieza a valorar la progresión de la dilatación durante 8-10 horas más, que es lo que suele durar el proceso en un primer parto. No se rompe la bolsa innecesariamente. De esta manera, es más probable que una inducción termine en parto vaginal. La medicina basada en la evidencia dice que no es necesario inducir más del 10-15 por ciento de todos los partos.

La oxitocina intravenosa indiscriminada. A la mayoría de parturientas se les pone un suero con oxitocina, aunque tengan muy buenas contracciones de parto; es lo que se llama *aumentación*. Este exceso de contracciones provocadas médicamente es otro causante del aumento de cesáreas.

Si las inducciones de parto evitables aumentan las cesáreas por «no dilatación», el suero con oxitocina generalizado es el responsable de muchas cesáreas «por sufrimiento fetal». La razón es fácil de entender. El bebé y la madre forman un equipo durante el parto y hay un trasvase continuo de información entre ellos a través de las hormonas. El bebé suele poder aguantar las contracciones espontáneas de su madre, sobre todo porque él mismo influye en su producción. Son contracciones un poco «a su medida». Pero si con oxitocina artificial aumentamos la intensidad y frecuencia de las contracciones uterinas, el bebé puede agotarse, desfondarse, empezar a sentir molestias preludio de sufrimiento. A todos nos pasa. Cada uno, a su ritmo, puede alcanzar una meta, pero obligados a ir a paso ligero, agotados, casi ninguno llega al final.

Además, el uso de suero con oxitocina de forma generalizada e indiscriminada produce en la madre un dolor exagerado con las contracciones de parto, lo que ha llevado al uso excesivo de la anestesia epidural.

La anestesia epidural es de gran utilidad en algunos partos y, en ocasiones, permite evitar una cesárea. Pero su uso generalizado pone a muchas mujeres en las vías del intervencionismo innecesario: detención del parto, gotero de oxitocina, rotura artificial de bolsa, mal posicionamiento... y así aumentan las cesáreas.

Litotomía (parir acostada y con las piernas en alto). Hace ya años que la Organización Mundial de la Salud explica que no se debería poner a las mujeres en esta posición para el parto. Incluso, la considera una práctica perjudicial que debería ser abandonada.

¡Es normal!, esta postura favorece que muchos bebés no bajen. Y a la madre se le hace una cesárea «por pelvis estrecha». El sedentarismo cotidiano en el que vivimos dificulta con frecuencia un buen posicionamiento fetal. De ahí lo importante que es el ejercicio diario para la mujer embarazada. Pero también la sistemática rotura artificial de la bolsa, y el uso generalizado de la oxitocina en las inducciones indiscriminadas y en el resto de partos estimulados, favorecen los malos encajamientos fetales, impidiendo el desarrollo de un parto normal. El bebé presenta un diámetro más grande de su cabeza en la pelvis materna y no cabe o no baja. Pero la pelvis materna no es estrecha. Es una pelvis normal con un bebé mal posicionado.

¡La verdad es que analizando las rutinas de algunos hospitales en relación al parto termina por resultar sorprendente que hasta un 75 por ciento de las madres consigan dar a luz vaginalmente!

Las recomendaciones de la Organización Mundial de la Salud son muy claras en lo que respecta a la atención al parto (véase anexo). ¿Cómo es posible que no se apliquen en la mayoría de los hospitales? *¿Por qué se ha medicalizado el parto hasta el extremo?*

Una de las cosas que están bastante claras es que el porcentaje de cesáreas depende *de quien atienda el parto*. Los estudios demuestran, incluso en Estados Unidos, que las cesáreas disminuyen si son las comadronas quienes asisten a la embarazada[8]. Por eso, en países como Estados Unidos o Canadá, donde son los ginecólogos quienes atienden los partos de bajo riesgo y no las comadronas, se producen tan altos índices de cesáreas. Pero aunque la matrona atienda el parto, si está sometida a los protocolos dictados por sociedades de ginecólogos, es más fácil que todo termine en cesárea. El poder creciente de los obstetras ha ido paralelo a la sumisión o pérdida de la sabiduría e independencia de las matronas.

A esto se añade el *progresivo deterioro en la formación de los obstetras*. Igualmente, para disminuir el número de cesáreas, hay que considerar el aprendizaje de las alternativas médicas que los obstetras deben aplicar para solucionar ciertas distocias, antes de realizar una cesárea, como son la aplicación de fórceps o *vacuum* (ventosa), la versión externa fetal, la asistencia al parto de nalgas vaginal... Técnicas médicas que se están perdiendo en la formación y entrenamiento de las nuevas generaciones de especialistas. Las nuevas promociones de obstetras a veces no reciben formación sobre el parto en casa ni a menudo en el agua; en toda la especialidad tampoco han visto a una mujer pariendo ¡en cuclillas!; muestran poco respeto por la fisiología del parto normal... *Se genera así un círculo vicioso que estimula la intervención por medio de la cesárea.*

La difusión de la *medicina defensiva* se debe a un progresivo deterioro de la relación médico-paciente en nuestra sociedad, causado por diversas razones. Entre ellas están la negación de la muerte como realidad en la vida, la falsa creencia de que la medicina todo lo puede, la escasa información que transmite el médico y el paternalismo que ejerce sobre el usuario, en este caso la mujer. Todo ello imposibilita que los ciudadanos decidan con libertad, madurez y conocimiento sobre los actos médicos que afectan a su salud. Esto dificulta su participación activa en su propio proceso de curación, generando usuarios pasivos y desconfiados ante los médicos. Estos, a su vez, desconfían de los pacientes. Ante la degradación del acto terapéutico y la desconfianza mutua, el médico aplica la medicina defensiva, con exploraciones técnicas e intervenciones innecesarias que ocultan la incomunicación, la falta de empatía y la imposible personalización de un caso clínico, compatible con los protocolos.

En la actualidad, un médico puede tener problemas legales por no realizar una cesárea que tal vez hubiera podido mejorar el resultado obstétrico, pero es casi imposible que lo denuncien por practicar una cesárea innecesaria, aun aumentando el riesgo de morbilidad de la madre y el niño.

Los *aspectos económicos* también pueden favorecer el aumento de cesáreas en algunos lugares. En la privada, se gana más haciendo cesáreas, y probablemente esta razón haya influido en países como Brasil o Chile donde algunas clínicas llegan a tener un 80 por ciento de cesáreas. Pero más importante es que con la programación de la cesárea, a veces encubierta con inducciones sin motivo, el médico sabe lo que dura el parto (una hora, más o menos), elige el momento compatible con su horario de consultas y se asegura el tener libres las noches y los fines de semana. Con este procedimiento casi automático, el profesional afianza su criterio de medicina defensiva y cómoda. Y a la mujer le transmite que el parto ha fracasado, que su cuerpo no puede parir. Brasil se muestra como ejemplo paradigmático en este sentido. En 1981, las cesáreas eran en Brasil el 31 por ciento de todos los partos (uno de cada tres niños nacía por cesárea). Un estudio, en 1985, encontró razones variadas para tan alto porcentaje: practicar una cesárea para realizar una ligadura de trompas, decir que las mujeres no están psicológicamente preparadas para un parto vaginal, la conveniencia y tranquilidad de los ginecólogos que además llevan a cabo una medicina defensiva... Los ginecólogos brasileños, en cambio, lo achacan al culto al cuerpo de las mujeres, que piensan que la función sexual se deteriora tras un parto vaginal[9]. Pero esta opinión no partía originalmente de las mujeres, sino que influyentes ginecólogos la promocionaban en conferencias y medios de comunicación... Por eso, según el nivel social, las cesáreas siguen aumentando en Brasil. En segmentos de la población con bajos niveles económicos, significan un 20 por ciento, subiendo progresivamente, según la clase social, hasta un 60 por ciento de intervenciones entre las más pudientes. Según la SEGO, una cesárea sin complicaciones cuesta más del doble que un parto vaginal[10]. En España, un descenso del 1 por ciento en la tasa de cesáreas ahorraría novecientos millones de pesetas (más de cinco millones de euros).

El Parto es Nuestro

Del dolor por el parto robado a la indignación por la situación general de la atención a las mujeres en el parto. Del llanto a escondidas al encuentro con otras madres. De las listas de correos electrónicos al activismo del parto. De la reflexión individual al debate colectivo. De la clandestinidad o la resistencia, al gran público. En julio del año 2001, dos madres fundamos el foro virtual «apoyocesareas» como una lista de correo electrónico para ayudar a otras madres que hubiesen tenido una o más cesáreas, que desearan lograr un PVDC o que tuvieran dificultades con la lactancia tras la cesárea. En los siguientes meses, empezaron a llegar mensajes de madres «cesareadas» que expresaban su alivio al ver que otras se habían sentido mal o decepcionadas con sus cesáreas, que no estaban locas, que no estaban solas. Poco a poco, fueron llegando más mujeres que, sin haber pasado por cesáreas, se sentían mal por sus partos vaginales, que en algunos casos también habían sido muy traumáticos. También, llegaron otras madres que habían tenido partos hermosos y respetados, en casa o en el hospital. Algunas de ellas compartieron sus planes de parto. Todas expresábamos un mismo deseo: que ninguna madre fuera maltratada en su parto, que todos los niños tengan un parto respetado. Entre las participantes del foro había muchas de países de habla hispana, Argentina, México, Chile... A lo largo de los años siguientes, llegaron al foro algunos profesionales deseosos de escuchar a las madres, de aprender de ellas, y también de compartir sus experiencias en la lucha por una mejora de la atención obstétrica. Muchas matronas y algunos ginecólogos se suscribieron a la lista, en el anonimato más respetuoso la mayoría de ellos. Pasó el tiempo y muchas mujeres volvieron a embarazarse. Algunas lograron el parto soñado, otras volvieron a tener cesáreas más o menos necesarias y más o menos respetadas. Muchas lograron amamantar por primera vez a sus segundos hijos.

Unas cuantas de estas madres empezaron a ir más lejos en su afán por proteger a las madres del maltrato en el parto. Algunas prepararon folletos con las recomendaciones de la Organización Mundial de la Salud para repartirlos por la calle. Otras escribieron cartas a periódicos y revistas o acudieron a programas de radio y televisión contando sus vivencias. Algunas participaron en charlas a embarazadas en sus centros de salud o en la docencia de las escuelas de matronas.

Entre todas surgió, en octubre del 2003, una nueva asociación con el deseo de que todas las mujeres tengan el parto respetado que merecen. La llamaron El Parto es Nuestro. Entre sus fines destacan ofrecer apoyo psicológico a las madres, conseguir la aplicación de las recomendaciones de la OMS para el parto en todos los centros sanitarios, promover la independencia de las matronas, lograr que el parto domiciliario sea cubierto por la sanidad pública, apoyar la lactancia natural...

Este movimiento coincide con lo acontecido en otros países occidentales donde las madres también se están uniendo con profesionales conscientes de la necesidad de humanizar la atención al parto[11].

Para saber más

- *La revolución del nacimiento*, Isabel Fernández del Castillo, Madrid, EDAF, 1994.
- *El bebé es un mamífero*, Michel Odent, Madrid, Mandala Ediciones, 1990.
- *La represión del deseo materno y la regresión al estado de sumisión inconsciente*, Casilda Rodrigáñez y Ana Cachafeiro, Móstoles, Nossa Jara Editores, 1995.
- *Nacimiento sin violencia*, Leboyer F. Daimon, México, 1997.

Notas

1. S. Guzmán, «La reducción de cesáreas de 28 a 13 % incrementa o no la mortalidad materna y perinatal: la gran pregunta», *Ginecol Obstet Mex*, 1993; 66: 122-125, y R. K. DeMott y H. F. Sandmire, «The Green Bay Cesarean Section Study I. The physician factor as a determinant of cesarean birth rates», *Am J Obstet Gynecol*, 1990, vol. 162, pág. 1.593-1.602.
2. B. Chalmers, V. Mangiaterra y R. Porter, «WHO principles of perinatal care: the essential antenatal, perinatal, and postpartum care course», *Birth*, 2001; 28: 202-207.
3. Foradada y col. Parto vaginal después de cesárea. Folia clínica en Obstetricia y Ginecología.
4. G. M. Anderson, «Making sense of rising caesarean section rates», *BMJ*, 2004; 329: 696-697 (25 September).

5. Vergara y col., «Consideraciones éticas sobre la cesárea. Comisión de bioética de la SEGO», *Prog Obstet Ginecol*, 2001: 44 46-55.
6. R. Johanson, M. Newburn y A. Macfarlane, «Has the medicalisation of childbirth gone too far?», BMJ, 2002;324:892-895.
7. G. Baruffi, D. M. Strobino y L. L. «Paine, Investigation of institutional differences in primary cesarean birth rates», *J Nurse Midwifery*, 1990 Sep-Oct;35(5): 274-81.
8. *Ibíd.*
9. Estudio cesáreas 1985, Brasil.
10. *Op. cit.* Vergara y col. 2001.
11. H. Goer, «Humanizing birth: a global grassroots movement», *Birth*, 31, 4 december 2004.

7

Ventajas del parto vaginal después de la cesárea

«Después de una cesárea, lo más probable es que los siguientes partos también sean por cesárea». «Después de dos cesáreas, ya no se puede tener un parto vaginal». «Sólo se pueden tener tres cesáreas, por eso, después de la tercera, te hacen siempre la ligadura de trompas». «Cuando ya has pasado por una cesárea, el parto vaginal es muy peligroso». «El útero se puede romper si hay una cicatriz de cesárea anterior».

La cantidad de mitos e ideas erróneas a los que se enfrenta una mujer en el embarazo que sigue a una cesárea es estremecedora. A pesar de que las madres que ya han pasado por una cesárea, suelen intuir que la intervención es más peligrosa para su salud que un parto natural, son muchas las que se ven abocadas a una cesárea sucesiva. Por lo general, en su entorno, no encuentran el apoyo necesario para intentar un parto vaginal o, por una falta de información actualizada, los profesionales les hacen creer que la opción de la cesárea repetida e incluso programada es más segura.

Desde luego, para muchos profesionales, programar una cesárea resultará mucho más cómodo que esperar a que la mujer inicie el trabajo de parto y ver cómo discurren los acontecimientos. Pero claro, estos mismos médicos casi nunca lo expresarán de esta manera. Más bien intentarán convencer a la mujer mediante argumentos del tipo: «este bebé viene muy grande, aún te faltan tres semanas y tú tienes la pelvis muy estrecha» o «si te pones de parto y no estás cerca del hospital, correrás un grave peligro porque tu útero se puede romper en cualquier momento»; incluso, «para qué vas a esperar a ponerte de parto si, de todas formas, lo más probable es que sea una cesárea, si la programamos te aseguras el que te pueda atender yo mismo y permitiré que tu marido esté presente y que tus deseos sean respetados», o «como no es posible hacer una inducción y ya estás de 40 semanas, tenemos que hacerte la cesárea». Las versiones pueden variar considerablemente, pero casi siempre se reducen a una conclusión: si la mujer ya tiene una cesárea, lo más probable es que acabe con otra y, en ese caso, será mejor programarla cuando nos venga bien a todos que esperar a ver cuándo decide ponerse de parto.

No cabe duda de que estos planteamientos suponen una falta de respeto hacia la mujer, una falta de confianza en su cuerpo y, sobre todo, una ofensa para el niño que va a nacer, al que incluso se le amenaza con no poder elegir su fecha de nacimiento.

Además, la noción de que una segunda (o tercera o cuarta...) cesárea es más segura que un parto vaginal después de cesárea es falsa. La idea de que tras una cesárea los partos siguientes deben ser por cesárea («*once a cesarean always a cesarean*») data de 1916. Así lo explicaba entonces el Dr. Edward Craigin. No hacía demasiados años que se había conseguido que algunas mujeres sobrevivieran a la intervención. De hecho, las cesáreas seguían siendo una cirugía con una mortalidad que rondaba el 10 por ciento. Tan sólo se hacían después de partos larguísimos en los que no se había conseguido que el bebé se colocara para salir, así que cabía pensar que realmente había un obstáculo en la pelvis materna. La incisión se efectuaba a lo largo del útero y llegaba hasta la parte superior, el llamado *fondo uterino,* que es la región que hace una mayor fuerza durante el parto. La mortalidad materna durante las cesáreas podía llegar al 30 por ciento si a las mujeres se les habían hecho numerosos tactos vaginales durante el parto (lo que favorecía las infecciones graves en el posparto). Las roturas uterinas eran también más frecuentes, no sólo por la localización de la cicatriz, sino por la pésima técnica de sutura, los materiales que se utilizaban y las malas condiciones de asepsia en muchos casos. La herida normalmente cicatrizaba mal y era mucho más fácil que se pudiese romper en el siguiente parto.

En los años veinte, Monroe Kerr defendió que se hicieran las cesáreas en el segmento uterino inferior. Esta técnica ya se había propuesto en los años ochenta del siglo XIX, pero Kerr consiguió que se retomara y un artículo, publicado en 1932 por Wilson, provocó su difusión y generalización. Esta técnica supuso toda una revolución obstétrica, ya que presentaba numerosas ventajas para la madre: el segmento inferior del útero tiene menos músculo y es mucho más fino, con lo que al cortarlo se sangra menos y las hemorragias masivas son mucho más raras. Además, al reparar la herida, queda cubierta por la vejiga, por lo que la sangre no pasa apenas a la cavidad abdominal.

Poco a poco, la mortalidad de la cesárea fue disminuyendo, las mujeres que habían pasado por una intervención volvían a quedar embarazadas y se creía que, en estos casos, lo más seguro era repetir la intervención. Luego, empezaron a darse casos de mujeres que, a pesar de tener una cesárea anterior, en el siguiente embarazo llegaban al hospital con el tiempo tan justo, que no daba tiempo a practicarles otra cesárea. No sólo daban a luz vaginalmente sin mayor problema, sino que además era evidente que su recuperación era muchísimo más rápida que si hubieran sufrido otra cesárea. Al generalizarse la técnica de la incisión Pfannenstiel, se demostró que el peligro de rotura uterina era mucho menor de lo que se pensaba.

Así pues se comenzó a recomendar el intento de parto después de cesárea, ya que se comprobó que implicaba menos riesgos que programar una intervención por temor a la rotura uterina. Se empezó a llamar «parto vaginal después de cesárea»

(PVDC de aquí en adelante) con el acrónimo inglés VBAC (*vaginal birth after cesarean*). Por desgracia, en la actualidad, se siguen realizando numerosas cesáreas repetidas innecesarias mediante la amenaza de la rotura uterina.

El mito de la «rotura uterina»

El término *rotura uterina* da bastante miedo. Algunos profesionales suelen decir a las madres cosas tan terribles como «si se te rompe el útero pueden morir los dos». Las madres pueden imaginar la rotura uterina como una verdadera «explosión» de su útero. Pero, para entender lo que es la rotura uterina, conviene pensar primero en cómo o por qué se puede romper el útero.

El útero es, sobre todo, un músculo. Para que se rompa, hace falta que concurran toda una serie de factores. De hecho, puede producirse sin que ni siquiera haya habido una cesárea anterior. Pero esta posibilidad es tan remota que a nadie se le ocurre atemorizar a las embarazadas hablándoles de la rotura uterina. (Y, sin embargo, algunos estudios han señalado que precisamente esas roturas sin que hubiera una cicatriz previa suelen ser más graves que las roturas en el PVDC.)

Los dos factores que favorecen la rotura del útero son el estiramiento o la distensión de las fibras y la fuerza a la que están sometidas. La distensión de las fibras tiene que ver con la elasticidad de las mismas. Si antes ha habido una herida en el útero, como en el caso de la cesárea o de otras intervenciones quirúrgicas (los legrados favorecen la rotura uterina), el tejido reacciona formando una cicatriz de tejido fibroso. Este tejido es menos elástico y se distiende menos, por eso es (un poquito) más fácil que el útero se rompa cuando hay una cicatriz anterior. Pero hay que tener en cuenta la calidad de esta cicatriz y el estado de la musculatura uterina. Si la recuperación de la cesárea anterior fue favorable (no hubo infección uterina, lo que se llama *endometritis*), la mujer ha seguido una alimentación sana y equilibrada durante el embarazo actual y ha hecho ejercicio, la musculatura, es decir, el útero, estará en condiciones óptimas. Cualquier deporte (como la natación o la marcha) favorece la oxigenación de todos los músculos del organismo. Los orgasmos también son una manera de ejercitar la musculatura uterina. Además, su nutrición durante el trabajo de parto es otro aspecto que puede prevenir o, por el contrario, favorecer la rotura. Por eso es tan importante que estés bien hidratada (para ello no es necesario el gotero, sino beber agua durante el parto) y nutrida (que se te permita comer lo que desees).

La rotura no sólo puede producirse en el momento del parto, en algunos casos se produce semanas antes de salir de cuentas. Es decir, que el embarazo ya es un factor de riesgo para la rotura.

Sin embargo, el término *rotura* es poco apropiado para lo que se pretende describir. Como señalan los estudios, las roturas verdaderamente catastróficas son, afortunadamente, excepcionales. La mayoría de los ginecólogos no han visto más de dos o tres roturas uterinas verdaderas en su carrera. De hecho, bajo este término, se suelen incluir dos situaciones muy diferentes:

- Lo que se llama *dehiciscencia de la cicatriz anterior*, que es como un ojal o ventana que se abre alrededor de la cicatriz y que, en la mayoría de los casos, no tiene ninguna trascendencia. Suele ser un hallazgo al realizar la cesárea intraparto, pero ni siquiera entonces suelen ser el motivo de la cesárea (aunque a veces se atribuya a esta ventana el sufrimiento fetal). De hecho, cuando se realizaba la exploración manual del útero tras el parto vaginal después de cesárea, era frecuente encontrar alguna dehiscencia que no había dado ningún síntoma. Entonces, los profesionales se enfrentaban a otro dilema: meter en el quirófano a una mujer que acababa de tener un parto vaginal sin problemas o esperar. Finalmente, se demostró que en realidad era más peligroso explorar, así que esto ya no se hace. Probablemente haya mujeres que

estén logrando parir después de cesárea, a pesar de tener una dehiscencia, sin mayor riesgo.
- La *rotura verdadera* es aquella en que el útero se desgarra extensamente (junto a la cicatriz o en otro lugar). En este caso, sí que hay un riesgo importante para la madre y para el bebé; se trata de una verdadera urgencia médica que suele dar síntomas: dolor, alteración o pérdida del latido cardíaco fetal, bajada de tensión materna, las partes del bebé se palpan directamente en el vientre materno... Es más fácil detectarla inmediatamente si la madre no está anestesiada. En estos casos, la cirugía es urgente.

¿Cuál es el riesgo o la probabilidad de sufrir una rotura uterina?
A la hora de revisar los estudios científicos sobre este tema, hay que ser cautelosos y tener en cuenta algunos puntos comunes a la mayoría de ellos. Suelen ser obra de ginecólogos cuyo punto de partida (derivado de su propia deformación profesional) o hipótesis previa es: «el parto es peligroso», «la cesárea es más segura que el parto vaginal», «el parto vaginal después de cesárea es más peligroso que la cesárea programada». Los estudios se diseñan para demostrar dichas teorías o creencias. Las investigaciones a menudo presentan errores metodológicos. Por ejemplo: se hace una recogida de casos a partir de bases de datos que no permiten diferenciar dehiscencia de rotura verdadera, se omiten datos significativos (cómo fue el posparto de la primera cesárea), se incluyen en el mismo grupo las mujeres que han sufrido una rotura uterina espontánea en el embarazo y las que han tenido una dehiscencia asintomática que se encontró al realizar una cesárea programada, etcétera. La *misoginia de la medicina moderna* también influye, ya que no se trata al útero como un órgano sexual. Así que no se investiga sobre cómo facilitar su curación (por ejemplo, ningún estudio ha indagado si los orgasmos facilitan la recuperación de la cesárea y previenen la rotura en siguientes embarazos). Porque *el útero se considera poco importante* y se minimizan las repercusiones sobre la fertilidad

de la mujer (muchos sólo consideran el embarazo actual y no tienen en cuenta los deseos de la madre de parir a más hijos). Las cifras también se utilizan. A la mujer no le suena igual oír: «El riesgo de rotura es de un 0,47 por ciento» que «¡tienes un 99, 53 por ciento de posibilidades de que no se rompa!». Las investigaciones a menudo sólo miran el resultado inmediato, omitiendo secuelas a largo plazo. La mayoría de las veces los estudios se realizan en grandes hospitales universitarios donde, como hemos comentado con anterioridad, se ejerce una obstetricia altamente medicalizada. Nadie ha comparado la seguridad del parto en casa después de cesárea atendido por parteras expertas, con el PVDC hospitalario o la cesárea programada, por ejemplo.

Con todo, si revisamos los estudios, podemos concluir *que las posibilidades de tener una rotura uterina son bastante remotas*. De hecho, el riesgo real es inferior al 1 por ciento, probablemente en torno al 0,4 por ciento[1]. De ese 0,4 por ciento sólo una cuarta parte serán roturas uterinas graves. (En el anexo 2, se presentan los datos de algunos de los estudios recientes más relevantes sobre la rotura uterina.) Cuando hay más de una cesárea, el riesgo tampoco es mucho mayor; en varios estudios se sitúa en torno al 1 por ciento. Una investigación sobre parto vaginal después de dos y tres cesáreas publicada en la *Revista Europea de Obstetricia* en septiembre de 2003[2] confirmó que puede ser una opción segura. Por lo tanto, si un médico te dice que tienes un 10 por ciento o un 5 por ciento de posibilidades de que se te rompa el útero o de que tú o tu bebé puedan morir en el parto por la rotura uterina, está mintiendo. Ningún estudio ha encontrado cifras semejantes.

Tanto la Organización Mundial de la Salud como la Sociedad Española de Ginecología y Obstetricia recomiendan intentar el PVDC, incluso si se tiene más de una cesárea anterior.

De los estudios se deduce también que los fármacos que aumentan la intensidad de las contracciones uterinas pueden aumentar el riesgo de rotura; por eso, es mejor que no te induzcan ni te den oxitocina si ya tienes una cesárea. (En una investigación del *New England Journal of Medicine* se vio que si se inducía el parto con un fármaco llamado misoprostol, el riesgo de rotura uterina aumentaba hasta un 24 por ciento y si no se inducía ni se usaba oxitocina, el riesgo era inferior al 1 por ciento). Sin embargo, esto no significa que con una cesárea previa no se pueda inducir, sino que si se induce, hay que tener mucho cuidado.

La *rotura uterina se sospecha cuando* hay alteraciones importantes del latido cardíaco fetal y la mujer siente un dolor intenso que no cede entre las contracciones. En ocasiones, el único síntoma es que el parto se detiene. El sentir un dolor leve en la zona de la cicatriz anterior es algo frecuente a lo largo del embarazo e incluso del parto, pero suele ser debido a las adherencias de la cicatriz previa, no al útero propiamente dicho. La verdadera rotura suele producir un dolor mucho más intenso. En cualquier caso, es más fácil detectar la rotura si no se utiliza anestesia y si la partera ausculta el latido cardíaco fetal con regularidad a lo largo del parto.

Las ventajas del parto vaginal después de cesárea

Algunas mujeres tuvieron una primera cesárea maravillosa, respetuosa y de la que se recuperaron en muy pocos días y sin ningún problema. En el segundo embarazo, a pesar de que su médico o partera las animen a intentar un PVDC, pueden preferir programar una cesárea que intentar el parto. ¿Qué ventajas ofrece el intentar un parto vaginal? Tiene menos riesgos para tu salud y para la de tu bebé.

El *niño elige su fecha de nacimiento*, es decir, está listo y maduro para venir al mundo. Las contracciones le preparan los pulmones; es muy probable que salga mejor y que no tenga ningún problema al nacer. Por el contrario, la cesárea programada plantea muchas dificultades al bebé: de estar plácidamente en el útero, pasa a ser extraído en un quirófano, su cuerpo no ha tenido tiempo para prepararse y puede presentar dificultades para respirar, necesitar reanimación y luego ir a la UCI neonatal. *Desde el punto de vista psíquico, la cesárea programada tampoco es buena para el bebé.* A él también se le roba la oportunidad de atravesar el canal del parto, de participar activamente en su nacimiento. Puede sentirse muy contrariado o desorientado al nacer, puede sentir que le ha faltado algo o que no se ha tenido en cuenta su opinión, especialmente si no se le ha explicado que iba a nacer y los motivos por los que se le extraía por cesárea. Si, encima, pasa las primeras horas de vida rodeado de desconocidos o en una incubadora, la experiencia puede resultarle bastante traumática y dificultar su confianza en los demás. Los investigadores en psicología perinatal han descrito con gran precisión relatos de niños que, dos y tres años después de nacer, recordaban con exactitud detalles de su nacimiento por cesárea y que expresaban su malestar o decepción por el mismo. Para conocer estos trabajos en mayor profundidad, puedes leer la obra del psicólogo americano David Chamberlain[3].

Por muy bien que te hubieras recuperado de la cesárea, *la recuperación de un parto vaginal suele ser infinitamente mejor*. Incluso cuando el parto ha sido largo y duro, la mayoría de las madres pueden caminar sin problemas un par de horas después de haber parido. Si optas por parir en un hospital, podrás volver mucho antes a casa, en veinticuatro o cuarenta y ocho horas si así lo deseas.

Las hormonas del parto te ayudan enormemente después del mismo. Probablemente, te resultará más fácil empezar la lactancia y ocuparte de tu hijo.

Además, un parto vaginal no condiciona tu futuro reproductivo, mientras que una cesárea repetida sí. La mayoría de los estudios sobre la seguridad del PVDC sólo miran a los resultados del embarazo que sigue a la cesárea, a pesar de que es bien sabido que si la madre pasa por varias cesáreas sucesivas, los riesgos aumentan progresivamente con cada una de ellas, mientras que si tiene un PVDC, en los siguientes embarazos disminuyen todos los riesgos. *Con cada cesárea se incrementan los riesgos de tener complicaciones en el siguiente embarazo*, el efecto es acumulativo. Cada una aumenta las posibilidades no sólo de sufrir una *rotura uterina*, sino de tener otras complicaciones graves, como son la *placenta previa* (la placenta se inserta en la zona baja del útero, cerca del cuello) y *la placenta acreta* (con unas raíces demasiado extensas que pueden atravesar el útero). Ambas exponen al bebé a un alto riesgo y también a la madre (peligro de hemorragias graves, de perder el útero e incluso de muerte).

Un estudio publicado en la *Revista Americana de Obstetricia* ha analizado los riesgos de la cesárea programada frente a la prueba de parto *en relación al número de hijos* que la madre desea tener después del embarazo actual:

> Teniendo en cuenta sólo los riesgos de daño irreversible (es decir, muerte materna o fetal, e histerectomía), la conclusión que sacaron fue: si la mujer desea tener más de un embarazo, hay que tener en cuenta que los riesgos a largo plazo de la cesárea son mayores que los beneficios inmediatos, por lo que se debe tomar una decisión racional basándose en la mejor información disponible y en los deseos en ese momento. En este caso, siempre sale mejor parada la prueba de parto[4].

Es decir, *si se desean más hijos, la balanza aún se inclina más a favor de la prueba de PVDC*. Incluso si tienes dos o más cesáreas, el intentarlo no sólo es mejor para este bebé, sino que será mejor para los hermanos que vengan luego. De hecho, muchas mujeres que tienen dos hijos de un mismo sexo y desean uno del sexo contrario, se sienten muy preocupadas cuando el médico les dice que será necesario programar la tercera cesárea y, de paso, hacer una ligadura, con lo que ven frustrado su sueño de tener más hijos o de intentar tener un bebé de otro sexo si ya tienen tres niños o tres niñas. Sin embargo, la opción más segura y recomendable en este caso es justo la contraria: intentar un PVD2C (parto vaginal después de dos cesáreas) sabiendo que no sólo es lo mejor para el tercer hijo; también hará que el embarazo del cuarto hijo sea más seguro.

A veces, además de atemorizar a la madre hablándole de las complicaciones, se utiliza otro argumento para programar la cesárea: así te pueden hacer al mismo tiempo *la ligadura de trompas*, y ya nunca más tendrás que ocuparte de utilizar métodos anticonceptivos. Ya nunca más serás fértil. Sin embargo, esta decisión debería ser muy sopesada, ya que el momento de tener un hijo no parece el mejor momento para decidir una esterilización. Algunas mujeres se han arrepentido posteriormente, tal vez porque su vida ha dado un giro y se han encontrado años más tarde volviendo a desear concebir un hijo... Entonces, no queda más remedio que intentar una fertilización *in vitro*. Por todo ello, la ventaja de hacer una ligadura a la vez que la cesárea no debería ser un argumento para hacer la intervención si no hay otra indicación médica: los riesgos para la madre y el bebé son demasiado altos. No obstante, una mujer puede pedir con antelación que, si el intento de parto termina en cesárea imprescindible, le hagan una ligadura. Está en su derecho, qué duda cabe, y algunas mujeres se han mostrado muy satisfechas con esa decisión.

Otro de los argumentos que se utilizan a menudo para repetir cesáreas es la supuesta ventaja de que así *evitas la episiotomía o el daño del suelo pélvico*. Claro, se compara el resultado del trato agresivo que en muchos hospitales se da a las parturientas. Cuando la mujer pare acostada con las piernas en alto, cuando no se respetan los tiempos ni las maneras de cada una, suele haber un alto porcentaje de madres que, tras dar a luz en el potro obstétrico y con fórceps y episiotomía «generosa», tienen secuelas como la incontinencia de orina o heces y el malestar en las relaciones sexuales. Pero la manera de evitar esto no es hacer una cesárea, sino permitir que las madres den a luz en la postura que ellas elijan y con el tiempo que necesiten. Tampoco está demostrado que la episiotomía evite la incontinencia. Además, ahora se sabe que la incontinencia de orina de muchas mujeres menopáusicas no está tan relacionada con los embarazos y los partos como se pensaba. De hecho, en una original investigación, las monjas tenían la misma incontinencia de orina que las multíparas. Probablemente tenga más que ver con el peso o las hormonas.

La *satisfacción emocional* que produce el PVDC es uno de los motivos por los que muchas madres se alegran de haberlo intentado, incluso si de entrada preferían programar una cesárea. Muchas mujeres se sienten completas, satisfechas, plenas y hasta exultantes tras su parto vaginal.

¿Cuántas cesáreas se pueden tener? Hay mujeres que han sufrido ocho y nueve cesáreas. (Una de ellas fue la madre del presidente americano, Rose Kennedy, que pasó por ocho). Algunas de ellas han publicado sus testimonios en Internet[5]. Claro que con cada cesárea sucesiva el riesgo aumenta, como ya hemos explicado, y además es más difícil realizar la cirugía: el abdomen puede estar lleno de adherencias. Pero si una familia decide tener más de tres hijos por cesárea, debería de poder conocer estas experiencias.

¿Después de cuántas cesáreas se puede intentar un PVDC? Hay quienes han tenido un parto vaginal después de cinco y seis cesáreas. De hecho, en un estudio californiano, las pocas mujeres que intentaban un parto vaginal después de tres o cuatro cesáreas tenían más de un 75 por ciento de éxito[6]. Parece probable que fueran un grupo de madres muy motivadas y con un gran empeño, pero conocer dichos estudios es esperanzador para muchas otras que ya tienen tres y cuatro cesáreas. En nuestra sociedad, de pocos hijos por mujer, la experiencia se circunscribe a una, dos o tres cesáreas como mucho, y hay muchos estudios médicos que avalan el parto vaginal después de las mismas.

En realidad, independientemente del número de cesáreas por las que se haya pasado, siempre se puede esperar a que se inicie el parto y ver cómo transcurre mientras no haya otro motivo médico que haga precisa la intervención.

¿Se puede predecir el éxito de un intento de PVDC? Unos investigadores revisaron recientemente los factores predictores de éxito en el intento de parto vaginal después de cesárea[7]. Encontraron que, efectivamente, si la cesárea anterior se había hecho por una indicación como nalgas o sufrimiento fetal, el porcentaje de éxito era bastante mayor que si se había efectuado por otras indicaciones, como desproporción cefalopélvica (o pelvis estrecha). Pero el mismo estudio observó que, incluso cuando la cesárea anterior era por desproporción cefalopélvica, ¡dos tercios de las mujeres lograban un parto vaginal después de cesárea! En la misma investigación, vieron que la incisión vertical en el segmento uterino inferior no afectaba el porcentaje de éxito, ni los bebés macrosómicos (es decir, que pesaban más de cuatro kilos) eran una contraindicación (ya que la mitad lo lograban sin que aumentaran los riesgos de rotura uterina). Otra conclusión importante fue que el embarazo gemelar después de cesárea tampoco contraindicaba el parto vaginal. Su conclusión es que son muy pocas las contraindicaciones para intentar un PVDC y que es exitoso en la mayoría de los casos.

El *motivo de la cesárea anterior* tampoco parece influir en el riesgo de rotura uterina, salvo una excepción: si ya hubo una rotura uterina en el embarazo anterior. En esos casos, está indicado un seguimiento estrecho y probablemente haya una verdadera necesidad de programar una cesárea.

Pero no hay que confundir esta situación excepcional (el embarazo después de haber tenido una rotura uterina) con la de muchísimas mujeres a las que se les hizo una segunda cesárea cuando intentaban un PVDC. A muchas de ellas el médico que las operó les dijo: «Has tenido mucha suerte de que te hiciéramos la segunda cesárea, tu útero estaba a punto de romperse, estaba tan fino que parecía papel de fumar». El segmento uterino es fino por naturaleza y, al final del parto, puede estar casi transparente, ¡pero eso no significa que se vaya a romper enseguida! Más bien al contrario, debería de ser tomado como un indicio de que el útero está perfectamente dilatado y elástico, ya no se va a romper.

En realidad, las posibilidades de éxito dependen sobre todo de un factor que no se menciona en ningún estudio: la visión del parto del profesional que lo atiende y su experiencia. Si el o la profesional cree que el parto es un acto fisiológico que sucede sin problema, la inmensa mayoría de las veces es muy probable que la mujer pueda dar a luz sin problema. Por el contrario, si el profesional percibe a la mujer embarazada como una «bomba de relojería a punto de estallar», es más que probable que la mujer se encuentre con otra cesárea ocasionada por el miedo del profesional.

¿Cuánto tiempo se aconseja esperar antes de un nuevo embarazo después de una cesárea? En realidad, la herida uterina ya está plenamente cicatrizada pasadas unas seis semanas del parto. La OMS recomienda espaciar todos los embarazos —no sólo los que siguen a una cesárea— unos dos años. Claro que eso es pensando que la madre amamante en exclusiva seis meses y prolongue la lactancia dos años. Es suficiente esperar de seis a nueve meses, y aunque el tópico recomiende esperar un año, este tiempo sería siempre pensando en el bebé lactante.

Algunas investigaciones señalan que después de la cesárea puede ser más difícil concebir. Además, aumenta el riesgo de aborto espontáneo.

No hay que hacer ninguna prueba especial para ver cómo está el útero tras la o las cesáreas anteriores. Sólo si se producen abortos de repetición estaría indicado realizar una histeroscopia, una técnica relativamente sencilla que permite visualizar el interior del útero.

Tampoco sirve de gran cosa medir el grosor de la cicatriz uterina al final del embarazo mediante ecografía. Es otro ejemplo más de las pruebas que a menudo se realizan para tranquilidad del profesional sin que haya una verdadera evidencia de su utilidad. Otra de las razones que a menudo se les espeta a las madres que intentan un PVDC es que será necesario acortar la fase final del parto —el expulsivo—, usando fórceps y episiotomía para evitar el riesgo de rotura uterina, pero esta afirmación tampoco se basa en la evidencia científica.

¿Y cuándo hay que programar una cesárea?

En los partos que, con evidencia científica, se sabe que será necesario hacer una cesárea. En aquellos en que se sabe que el bebé no corre ningún riesgo, debería de esperarse a que el bebé inicie el parto, así emprenderá su camino y esta será la primera decisión importante de su vida. Porque, lo dicho, tras las contracciones espontáneas de parto el bebé está más revitalizado y el útero ha formado segmento (un espacio virtual entre el cérvix y el cuerpo uterino que se hace real y cada vez más fino con las contracciones de parto). Este es el lugar donde se practica la incisión quirúrgica en la cesárea. Si el segmento está más formado, la madre sangrará menos en la cesárea, el útero cicatrizará mejor y la mujer tendrá más y mejores posibilidades de tener un parto vaginal en el futuro. Las madres que pasan por un «parto-cesárea programado» tienen la expectativa, las vivencias y la «satisfacción» de un parto y no de una intervención quirúrgica. Y el vínculo afectivo con el bebé es más fácil.

El reto de volver a confiar

La rotura uterina es una posibilidad bastante remota para la mayoría de las embarazadas con una cesárea anterior y, sin embargo, es un miedo recurrente. Es más peligroso hacer una amniocentesis (que tiene un riesgo de muerte fetal en torno al 1 por ciento) que intentar un PVDC.

Cada vez son más numerosos los estudios que demuestran el efecto negativo del estrés materno durante el embarazo sobre la salud del bebé. Se sabe que puede producir parto prematuro, bajo peso al nacer, problemas en el niño como un déficit de atención con hiperactividad, etcétera. Lo que más estresa a una mujer embarazada es que le digan que su bebé corre peligro. Y esto se hace demasiado a menudo sin que haya ningún motivo para alarma semejante.

En vez de amenazar a las madres con el mito de la rotura uterina, lo que deberían hacer las matronas y ginecólogos es animarlas a confiar en su cuerpo, a celebrar su embarazo, a disfrutar del privilegio de gestar una nueva vida, a conectar con su bebé y a confiar en él. Parir después de cesárea sería mucho más sencillo si cuando la embarazada entrara en la consulta el profesional le dijera: «Enhorabuena, tu cuerpo está haciendo un trabajo excelente, tu útero funciona a la perfección, tu bebé disfruta y celebra lo bien que te estás cuidando...». ¿Lo imaginas?

Ideas principales sobre el PVDC

- El parto vaginal despues de cesárea (PVDC) es una opción real científicamente demostrada.
- En los casos seleccionados para intentar el parto vaginal, alrededor del 70-80 por ciento lo consiguieron.
- Existen pocos embarazos después de cesárea en los que sea necesario programar una nueva cesárea.
- Incluso en estos casos, en la mayoría es posible y favorable para madre y bebé esperar al inicio del parto espontáneo para realizar la cesárea. La madre sangrará menos y el bebé mejorará su vitalidad y establecerá el vínculo con la madre a través de las hormonas del parto.
- Debe respetarse el inicio y la evolución espontánea del parto para asegurar un buen proceso y minimizar las posibles complicaciones.
- No debe utilizarse anestesia epidural y las escasas inducciones con oxitocina tienen que ser cuidadosamente evaluadas.

- En estas condiciones, la posibilidad de rotura uterina en el parto, es menor del 1 por ciento. En las cesáreas programadas, la rotura uterina es de un 0,2 por ciento.
- Es importante para intentar un PVDC, haber tenido un posoperatorio normal en la cesárea anterior, sin infección uterina.

Notas

1. Guise J. M., McDonagh, M. S., Osterweil P., Nygren P., Chan B., Helfand M., «Systematic Review of the Incidence and Consequences of Uterine Rupture in Women with Previous Caesarean Section.» BMJ 2004;329: 19-25.
2. Spaans W. A., van der Vliet L. M., Roell-Schorer E. A., Bleker OP, van Roosmalen J Eur J *Obstet Gynecol Reprod Biol.* 2003 Sep 10; 110(1):16-9. «Trial of Labour after Two or Three Previous Caesarean Sections».
3. Chamberlain, D. *La mente del recién nacido*, Editorial Ob Stare, 2002.
4. Mankuta D. D., Leshno M. M., Menasche M. M. Brezis M. M. «Vaginal Birth after Cesarean Section: Trial of Labor or Repeat Cesarean Section? A Decision Analysis.» *Am J Obstet Gynecol.* 2003 Sep; 189(3): 714-9.
5. Esta web pertenece a una madre que ha pasado por ocho cesáreas y desea compartir su testimonio http://www.manymcdaniels.com/
6. Phelan, J. P. et al. «Vaginal Birth After Cesarean». *American Journal of Obstetrics and Gynecology.* December 1987. 157(6): 1510-5.

7. Brill Y., Windrim R. (2003). «Vaginal Birth after Caesarean Section: Review of Antenatal Predictors of Success». *Journal of Obstetrics and Gynaecology*. Canadá, 25(4): 275–286.

8

Embarazo y parto vaginal después de la cesárea

Durante las últimas semanas, no dejo de pensar que quiero tener otro hijo. Esto me parece absurdo y casi imposible considerando que tengo un bebé de tres meses, al que amamanto, que físicamente estoy agotada y que nuestra situación económica es mala. En realidad, creo que lo que deseo es otro parto. Me obsesiona pensar que sigo sin saber lo que es parir aunque mi hijo ya está aquí conmigo. Tal vez sigo impaciente por saberlo. Lo lógico sería que la cesárea tan traumática que tuve me hubiera quitado las ganas de tener más hijos por ahora, pero más bien parece que el efecto ha sido el contrario. No lo entiendo.

A. L.

Algunas mujeres después de una cesárea, sobre todo si esta sucedió al final del parto, sienten el deseo de volver a concebir cuanto antes para poder parir; como una necesidad más o menos inconsciente de terminar el parto que quedó truncado. El mal trago de la cesárea deja en algunas madres una sensación de vacío, de no sentirse completas a pesar de la maternidad, y esta sensación puede dar lugar a un deseo de quedar embarazadas cuanto antes. Esto tal vez sucede con más fuerza cuando la mujer dedicó buena parte de su embarazo a planear todos los detalles de un parto vaginal que soñaba hermoso o, incluso, en algunas ocasiones, al intentar un parto vaginal después de una cesárea anterior. Desear un parto es algo completamente legítimo, pero tal vez no debería ser la única motivación para concebir de nuevo.

El caso es que después de una cesárea, muchas mujeres pasan muchísimo tiempo soñando con el siguiente embarazo y parto. Algunas reconocen abiertamente sentirse «obsesionadas con el monotema» o son sus familiares o amigos los que no entienden que aun sin estar embarazada ya esté buscando el profesional que atenderá el siguiente parto. Sin embargo, con el clima obstétrico actual, encontrar a un profesional que entienda tu deseo de lograr un parto natural puede no ser sencillo. Pero el papel del profesional en el PVDC es clave; necesitas encontrar alguien en quien poder confiar plenamente. Por eso, nunca es demasiado pronto para iniciar la búsqueda. Incluso si tu bebé tiene pocos meses y crees que aún tardarás unos años en intentar un nuevo embarazo, puedes ir recopilando información que te será muy útil desde ya.

¿Cuánto tiempo dedican muchas parejas a planear todos los detalles de su boda? ¿Y a la elección de una nueva casa o un nuevo coche? Estamos acostumbrados a buscar por todos los medios la mejor oferta para cualquier compra importante, hablamos del tema durante meses, preguntamos a familiares y amigos, leemos revistas o prensa especializada, acudimos a varias agencias o concesionarios, valoramos el precio pero también la atención que recibimos por parte del vendedor, el servicio posventa, la comodidad, la seguridad, la cercanía... Es lógico, se trata de decisiones importantes y que afectan considerablemente nuestra vida cotidiana, la economía doméstica y también nuestra salud, por lo que todo el mundo entiende que es preciso estar bien informado y haber valorado los riesgos y beneficios antes de optar. Planear tu próximo embarazo y parto después de una o varias cesáreas y sobre *todo la búsqueda del profesional o equipo que te atenderá* puede ser igual o más laborioso que la compra de una nueva casa o la preparación de una boda, aunque es posible que no encuentres la misma comprensión por parte de los demás y tal vez te digan que «estás demasiado obsesionada con parir». No dejes que este tipo de comentarios te impidan avanzar en tu búsqueda. Si piensas que recordarás el nacimiento de tus hijos toda la vida, dedicar meses o años a preparar los detalles no es nada descabellado, sino la manera de incrementar tus posibilidades de lograr un nacimiento respetado y seguro.

PVDC, dónde y con quién

Hay tres modelos de atención al parto: el parto en casa, el parto en una casa de partos y el hospitalario. El intento de parto vaginal después de cesárea, en general, debe realizarse en una clínica u hospital con recursos quirúrgicos. Así lo afirma el Plan de Asistencia Obstétrica de los Países Bajos, el país con más experiencia en partos a domicilio. Aunque puede haber casos concretos, bien evaluados, que lo realicen en casa. En Estados Unidos, donde la atención al parto en general está muy medicalizada y tiene un alto número de cesáreas, hay diferentes casos de partos en casa después de una o más cesáreas.

En España, actualmente, en las clínicas privadas, es casi imposible intentar un PVDC, sobre todo si tienes más de una cesárea. Y en muchos hospitales públicos es difícil que te den esta opción. Por eso, algunas mujeres buscan contactos de parteras experimentadas para parir en casa o en las pocas casas de partos que existen en nuestro país. Estas profesionales valorarán las circunstancias y la historia de salud de cada mujer para aconsejar lo que mejor convenga.

¿Qué es mejor? No hay una única respuesta. Para parir bien, es muy importante que elijas el sitio en el que más segura te vayas a sentir. Para algunas mujeres la seguridad radica en poder confiar en una partera que las atenderá en casa. Por el contrario, otras madres se sienten más seguras sabiendo que en el hospital donde van a ser atendidas está el quirófano o hay una buena UCI neonatal que aplica el método canguro, por ejemplo. Algunas prefieren desplazarse cientos de kilómetros para parir en una clínica que respete sus decisiones, e incluso ofrezca la posibilidad de usar el agua caliente en el parto o les garantice que si, al final, es preciso una cesárea, el padre podrá acompañarlos.

La noción de seguridad está muy relacionada con los miedos y con las experiencias previas de cada mujer. Así que la respuesta a la pregunta «¿dónde puedo parir mejor después de mi cesárea anterior?» la tienes que buscar tu misma.

Otro dilema a la hora de elegir a los profesionales que atenderán tu próximo parto surge entre optar por un centro sanitario de tipo público o privado. Las circunstancias de cada mujer son muy diferentes, no sólo influyen sus deseos y necesidades, sino otros aspectos, como la población en la que reside, la situación económica, la disponibilidad de otros recursos.

La situación española actual es clara. En los hospitales públicos, la obstetricia está tan medicalizada como en la privada, pero los protocolos médicos se aplican con más rigor que en la práctica privada, donde prima más la comodidad del médico y se practica una medicina más defensiva y, por tanto, más quirúrgica.

Desde luego, en *la medicina privada*, aunque la relación médica parezca más personalizada, encontrar un ginecólogo que sinceramente acepte probar un parto vaginal fisiológico después de una cesárea, se hace casi imposible, porque su atención al parto está muy manipulada médicamente. Hay que saber que casi el ciento por ciento de los partos se realizan con anestesia epidural y que el 40 por ciento son partos provocados, inducidos con oxitocina. En definitiva, la medicina privada practica el 40 por ciento de cesáreas en los partos que atiende, el doble que la medicina pública. Al final, la relación personalizada con el médico en la medicina privada, se vuelve en contra de la mujer, cuando a través de las emociones, el médico presiona «científicamente» a la madre, para imponer dulcemente su intervención: «el bebé es muy grande y no podrá salir», «la placenta está envejeciendo», «el niño no crece», «la monitorización fetal señala que el bebé está incómodo», «no se encaja por algún problema de pelvis». La aparente ventaja de las clínicas privadas en la atención al parto es la supuesta continuidad en los cuidados. Se supone que el mismo médico o equipo que ha hecho el seguimiento te atenderá en el parto. Sin embargo, esta misma circunstancia se cita recurrentemente como uno de los motivos de la elevada tasa de cesáreas en la sanidad privada: la conveniencia personal de algunos médicos o incluso de las propias madres da lugar a inducciones a la carta que en muchas ocasiones acaban en cesárea. Si se respetaran, la mayoría de los partos sucederían en medio de la noche, cerca del alba, ¿cómo va a estar un ginecólogo atendiendo en el parto en ese momento y dos horas más tarde pasando consulta en la privada?

La *atención sanitaria pública* supone un logro y un lujo comparada con la situación de otros países de nuestro entorno o de países latinoamericanos. Indudablemente, la atención universal es buena. Pero referida al tema del parto, debemos plantear dos inconvenientes. El primero de ellos es que el parto no es una patología, y el segundo que el acudir a un centro público supone en la mayoría de los casos dejar la atención de nuestro parto en manos del equipo que ese día esté de guardia, lo cual no deja de ser un lotería. Nos llega a parecer normal ponernos en manos de un desconocido en uno de los momentos más íntimos de nuestras vidas. Damos por sentado que las personas que trabajan en los hospitales lo harán lo mejor posible y estarán encantadas de atendernos en dicho momento. Sin embargo, la realidad a menudo no coincide con nuestras expectativas. Entre el equipo de guardia podemos encontrar al mejor médico o partera, pero también al peor.

Si optas por un parto en un hospital público, lo mejor que puedes hacer es escribir una carta al jefe de servicio y al servicio de atención al paciente en el que expreses tu deseo de lograr un nacimiento respetado, en el que se sigan las recomendaciones de la OMS. Es lo que se conoce como *plan de parto* (puedes encontrar diversos modelos en la web www.elpartoesnuestro.org). Puedes buscar «Hospitales Amigos de los Niños», solicitar las estadísticas de cesáreas de tu región o incluso de otras provincias. Es interesante pedir por escrito, al jefe de servicio del hospital público, información, aclaraciones y posicionamiento sobre el parto vaginal después de una cesárea. Al menos, puede valer para concientizar a los médicos de la alarma social que produce este tema, para generar discusiones científicas entre el equipo médico y también para que actualicen sus protocolos según la experiencia internacional.

Soledad preparó su parto vaginal después de cesárea a conciencia. Optó por un hospital público. Meses antes, ella había presentado su plan de parto en el hospital y se entrevistó con el jefe de servicio de obstetricia para dejar bien claro cómo quería ser atendida, a lo que el jefe replicó que su caso sería comentado en la reunión del equipo. Semanas más tarde, Soledad logró su parto vaginal en aquel hospital:

> Reconozco que no fue fácil conseguirlo, tuve un bloqueo bastante importante a mi llegada al hospital, pues ni más ni menos me encontré de guardia al único doctor que rechazó la petición de parto natural que presenté; casi me muero del susto... Pero de manera casi automática, nada más al verlo me dije a mí misma que tenía que ganarme su confianza. Vaya momento para ganar confianzas... llegué con unas contracciones bastante dolorosas que, claro está, perdieron intensidad y bloquearon bastante el trabajo de parto. Efectivamente, le agarré la mano, le clavé mi mirada, pronuncié su nombre y le dije que necesitaba que me ayudara a conseguir el PVDC. Su respuesta fue afirmativa: «Te ayudaré siempre y cuando las circunstancias lo permitan, aunque has topado con el doctor más antinatural», a lo que yo respondí que ya lo sabía y que por eso se lo estaba pidiendo. Parece ser que este impulso que tuve para con él resultó bastante clave.

Dilatar en casa con la atención de una partera y llegar al hospital cuando el parto ya está avanzado es a veces una opción intermedia, que debería facilitar la decisión de los profesionales sobre la evolución hacia el PVDC de tu trabajo de parto, pero tiene el inconveniente de que sigue siendo una lotería el profesional que te atenderá y que, a veces, incluso «te castiga» con una cesárea innecesaria por tu autonomía en las decisiones.

En realidad, más que el tipo de centro lo que necesitas es elegir bien el profesional que te atenderá. Tómate tu tiempo, pregunta, escucha, reflexiona. Escucha tu intuición y tus instintos, confía en tu cuerpo, elige activamente qué tipo de parto quieres en vez de dejarlo todo en manos de tu médico. Recordarás el nacimiento de tu hijo toda tu vida, el profesional que te atendió tal vez no recuerde ni tu nombre en un plazo de tres meses. La cuestión clave es la responsabilidad, que pertenece a ti y a tu pareja, no a los profesionales.

Cómo buscar al profesional que te atienda

En primer lugar, procura hablar con otras madres. Pregunta cómo fueron sus partos y quién o quiénes los atendieron. Las diferencias, incluso dentro de un mismo hospital, pueden ser llamativas. En los grupos de posparto y en los grupos de apoyo a la lactancia, puedes contactar a mujeres que han optado por un parto natural, en casa o en una clínica; anota toda la información.

Una vez que hayas seleccionado los profesionales que mejor pinta tienen, puedes comenzar las entrevistas. No hace falta que estés embarazada ni que precises una revisión ginecológica para acudir a la consulta. Puedes ir y decirles que simplemente quieres hablar con ellos puesto que estás buscando quién te atienda la próxima vez. Procura llevar la lista de preguntas que te planteas, anotada en un papel o libreta; si no, es fácil que se te olviden aspectos cruciales. Recuerda el principio elemental:

los profesionales están a tu servicio, no al revés. ¿Por qué cree el profesional que merece el privilegio de atender tu parto? ¿Te gustaría que esa persona te acompañara en un momento íntimo y sensual? ¿Podrás desconectar del mundo y abandonarte en su presencia, gemir, gritar, defecar, seguir lo que te pida el cuerpo?

¿Cómo saber qué clase de médico es? Puedes empezar eligiendo dos y entrevistándolos. Haz una lista de preguntas importantes para ti. Ninguna es tonta o ridícula; recuerda que ellos han pasado años y años estudiando para entender así. Tú estás ocupándote de tu salud, nadie deberá decirte que eso no es asunto tuyo o darte vagas respuestas. Si no entiendes algo, pregúntalo de nuevo. Siempre que puedas, pide la fuente de información a la que se está refiriendo: si se basa en su propia experiencia, pídele que te cuente algún caso con más detalle, o si se basa en la bibliografía médica.

Muchas mujeres se sienten intimidadas en presencia de un médico; algunas reconocen que les cuesta expresarse con claridad y que después de la consulta se sienten como niñas. Si ese es tu caso, ensaya antes las preguntas con tu pareja o una amiga, y recuerda siempre que el profesional debe estar a tu servicio, y que merece el mismo respeto que tú.

Expresa lo que quieres. Puedes decir: «Quiero intentar un parto vaginal después de cesárea» o «me gustaría lograr un nacimiento respetado para mi próximo hijo». ¿Buscas apoyo? Si ya estás embarazada, pregúntales si piensan tomarse unas vacaciones cerca de tu fecha probable de parto.

Estas son algunas de las preguntas que puedes hacer:

1. ¿Cuántos partos después de cesárea ha atendido en el último mes o año?
2. ¿Qué porcentaje de las mujeres que intentan un PVDC con usted lo consiguen?
3. ¿Qué posibilidades cree usted que tengo de lograr un PVDC dado mi historial?

4. ¿Cuántos de los partos de primíparas que atiende terminan en cesárea? ¿Por qué motivos?
5. ¿Qué hace si sospecha una desproporción cefalopélvica o un embarazo de más de cuarenta y dos semanas?
6. ¿En qué postura o posición suelen parir las mujeres que atiende? ¿Cuántas paren con el periné intacto? ¿Cuántas episiotomías hace?
7. ¿Cree que el intento de parto vaginal después de cesárea tiene que durar un número máximo de horas si madre y bebé están bien?
8. ¿Cuántas personas me pueden acompañar durante el parto?
9. ¿Con qué frecuencia las mujeres que usted atiende tienen partos naturales?
10. ¿Qué recomienda en un parto sobre los goteros intravenosos, oxitocina, gel de prostaglandinas, rotura de bolsa, epidural, estar acostada, monitorización fetal, etcétera?
11. ¿Cuánto tiempo lleva trabajando? ¿Dónde atiende los partos? ¿Trabaja en equipo o solo? ¿Cómo son el resto de miembros del equipo?

Las parteras o comadres son mujeres que acompañan a la parturienta durante el parto. Su tarea se centra en el apoyo emocional: son expertas en conseguir que la madre se sienta segura y protegida, algo precioso para disfrutar de un buen parto. Está demostrado que su presencia se traduce en una mejor evolución de los partos y en una menor utilización de técnicas médicas como son la oxitocina o los fórceps. Las parteras son mujeres, casi siempre madres, que recuperan el papel que tradicionalmente hacían las abuelas, tías o hermanas mayores en el parto. Saben conectarse con la parturienta y entender lo que necesita antes incluso de que esta lo diga: un masaje, quedarse a oscuras o un baño. Una partera te puede ayudar de muchas maneras a lograr tu parto vaginal después de cesárea. Especialmente en los momentos más duros, cuando creas que ya no puedes más o llegues a pensar que prefieres otra cesárea con tal de terminar ya. Ella te puede dar el ánimo que te falta, sea repitiéndote las frases que ya habréis preparado u ofreciéndote el sostén emocional que necesitas para desbloquear todo tu miedo.

En la actualidad, existen pocas comadronas, pero hay un movimiento incipiente de formación de ellas en varias ciudades. Si te interesa, puedes informarte en los grupos de apoyo a la lactancia o en algunos centros de preparación al parto.

Una madre que deseaba lograr un parto vaginal tras su primera cesárea recorrió varios cientos de kilómetros para pedirle al famoso obstetra Michel Odent consejos sobre cómo conseguir su PVDC. La respuesta que este le dio le resultó desconcertante: «Enciérrate en el baño de tu casa y no permitas que entre nadie». Tal consejo no es ninguna tontería. Si los profesionales que te rodean no creen que puedas parir, supondrán un serio obstáculo para tu parto. Si, por el contrario, están convencidos de que las mujeres pueden parir sin ayuda, la inmensa mayoría de las veces su confianza en tu capacidad innata te será de gran ayuda.

La preparación al parto vaginal después de cesárea

La mayoría de los profesionales médicos involucrados en la atención al parto coinciden en recomendar que la mujer o la pareja sigan un curso de preparación. Pero la realidad es que a veces los cursos parecen clases de biología, donde se explican aspectos como la anatomía de los genitales femeninos, las fases del parto desde un punto de vista puramente mecánico, etcétera. Suelen entrar en detalle en explicar todo lo que le harán a la mujer cuando llegue al hospital, con lo cual se favorece la actitud de sumisión y docilidad de la mujer. En muchos cursos, se explica que se le rasurará el vello púbico, se le conectará a un monitor enseguida, se le pondrá un gotero intravenoso y se le recuerda que no debe temer nada porque todo estará bajo control. El mensaje subliminal siempre es el mismo: el parto es un proceso de alto riesgo, que requiere un hospital y un continuo control médico. La mujer debe seguir las normas del sistema o se arriesga a jugar con la vida de su bebé. Además, se inculca que parir requiere un aprendizaje; hay que saber «cuándo se está de parto», «cuándo acudir al hospital» y «cómo respirar». Incluso las matronas que prefieren realizar una preparación al parto más acorde con las necesidades reales de las mujeres se encuentran con que, desde la generalización de la anestesia epidural, muchas mujeres no desean acudir a los cursos.

Esta preparación al parto estandarizada resulta poco útil. Las mujeres sabemos parir, como demuestran los miles de partos que ocurren cada día a lo largo y ancho de este planeta. Sólo necesitamos que nos lo recuerden. Sin embargo, probablemente las mujeres occidentales tengamos un *handicap* mayor para el parto: hemos crecido en una sociedad altamente medicalizada, es posible que nunca hayamos visto un parto en vivo y tenemos los miedos muy interiorizados.

Si estos cursos para partos medicalizados sirven de poco, no digamos en el caso de la madre que ya tiene una o más cesáreas, acudir a clases de preparación al parto junto con otras madres que esperan su primer bebé puede acrecentar su sensación de que fracasó la primera vez. Oír la retahíla de procedimientos médicos que le serán aplicados al llegar al hospital o escuchar que su caso será de alto riesgo por el hecho de tener una cesárea anterior no le ayudará en nada.

La preparación al parto en una mujer con cesárea previa tiene un objetivo claro: *recuperar la confianza en el propio cuerpo*. Estos puntos te pueden ayudar:

- *Aclarar los motivos* por los que se desea un parto vaginal después de cesárea. Puedes hacerlo tú sola, con tu pareja, o con quien quieras. De entrada, te puede servir contestar algunas de estas preguntas por escrito. ¿Temes estar arriesgando la salud de tu bebé o la tuya por intentar un PVDC? ¿Piensas en el fondo que la cesárea es la opción más segura o más sencilla en tu caso? ¿Te sientes egoísta por desear un parto natural? Recuerda siempre que el PVDC es la opción más segura para ti y para tu bebé en la inmensa mayoría de los casos.

- *Revisa la historia de las mujeres de tu familia.* Pide a tu madre, abuelas, hermanas, tías o primas que te cuenten cómo han sido sus partos. Profundiza y analiza sobre cómo ha sido tu relación con tu cuerpo y con tu sexualidad. ¿Qué mensajes has heredado sobre la menstruación, la masturbación, el parto o la lactancia? ¿Has aprendido a celebrar tu feminidad o por el contrario desde pequeña aprendiste que ser mujer era una desventaja o la menstruación algo sucio parecido a una enfermedad? ¿Cómo percibes tu cuerpo y tu salud?

- *Lee historias de partos* y especialmente de PVDC; en Internet, puedes encontrar cientos de ellas y, en algunas listas de correo, puedes seguir el proceso de otras mujeres en tu misma situación. Las historias escritas por las madres encierran un tesoro hermoso: suelen explicar de maravilla cómo se fue sintiendo cada una en cada momento: cuándo dudó, cuándo se bloqueó, cuándo supo que su bebé estaba a punto de salir... Te emocionarán y te servirán de apoyo en tu propio parto. Los *videos de partos naturales* o en casa también te pueden ayudar enormemente a entender que el parto es algo que sucede con normalidad la mayor parte de las veces.

- *Trabajar los miedos.* Los miedos se pueden desmontar de muchas maneras. Una técnica que te puede servir es ir hasta el final, es decir, imaginarte qué pasaría si realmente sucediera lo que tanto miedo te da. ¿Temes morir en el parto? Si eso ocurriese, ¿qué necesitarías para marchar tranquila? ¿Temes que tu bebé nazca enfermo o sufra alguna lesión en el parto o, peor aún, muera nada más nacer? Si algo tan catastrófico pasase, ¿dónde y con quién querrías estar, cómo te gustaría acompañar a tu bebé, qué le dirías, cómo te despedirías de él? Las embarazadas tienen una imaginación fantástica, tanto para lo bueno como para lo malo. ¿Te da miedo bloquearte y pedir a gritos que te hagan una cesárea? Si se lo explicas a tu médico, puedes preparar una serie de frases para esa posible situación. A veces, sólo con que él te diga: «No, tú no deseas una cesárea, lo que deseas verdaderamente es abrazar a tu hijo y eso está a punto de suceder», las cosas cambian.

- *Visualizar.* Revisa los mensajes que le envías a tu cuerpo. Una madre que logró su parto después de dos cesáreas contaba cómo había colgado por toda la casa un dibujo que ilustraba al bebé atravesando la pelvis. Otra repetía una lista de frases varias veces al día. Ejercita tu confianza; en cada pequeño obstáculo que encuentres, puedes repetir tus mantras: «Mi cuerpo sabe parir», «puedo abrirme y confiar en mi bebé», «mi niño saldrá por mi vagina», etcétera.

- *Habla con tu bebé.* Explícale que quieres ayudarle a nacer, que confías en él, que deseas poder agarrarlo y abrazarlo en cuanto salga de ti, que sabes que él lo hará de maravilla y que has encontrado unos profesionales que te tratarán con mucho respeto y cariño. O, si no lo tienes claro, pregúntale dónde quiere nacer, ¡seguro que de una u otra forma te responderá! Los estudios de psicología prenatal han demostrado que, incluso en el útero, los bebés están muy receptivos a los mensajes de sus padres y pueden comunicarse de diversas maneras (Chamberlain).

- *Cuidar* la nutrición, hacer ejercicio, practicar la danza del vientre, tener orgasmos, etcétera.

- *Trabajo en pareja.* «Mi marido me dice que por qué no programamos la cesárea». ¿Te apoya tu pareja en tu decisión de intentar un parto vaginal? ¿Seguro que él desea permanecer junto a ti en el parto? Algunos hombres prefieren no estar en el parto. Eso no quiere decir que quieran menos a sus mujeres ni que no vayan a ser buenos padres.

- *Comparte* tus vivencias con otras madres, atrévete a hablar con sinceridad de tu viaje emocional, de tus deseos y tus dudas, de tus descubrimientos.

- *Celebra* el embarazo de mil maneras. Puedes meditar, encontrar...

Amenazas al parto después de cesárea

Estás embarazada nuevamente, has encontrado un profesional que merece tu confianza, te sientes pletórica y segura, todo parece ir sobre ruedas... Conforme llega el final del embarazo, algunos nubarrones pueden aparecer en el horizonte y amenazar tu seguridad en ti misma o tus posibilidades de lograr un parto vaginal y respetado.

El calendario, el reloj y el mito de la fecha probable de parto. Un parto normal puede presentarse entre la semana treinta y siete y la semana cuarenta y dos, contando desde la última regla. La fecha probable de parto que se dice a la mujer es la semana cuarenta, pero es normal y frecuente que el parto llegue entre siete y diez días después. Mientras tanto, el bienestar fetal se puede comprobar con la monitorización. En este período, realizar una inducción del parto sin motivo médico real, puede acabar en una cesárea innecesaria.

Las últimas semanas es posible que sientas una presión creciente por parte de tus seres más queridos: te llaman continuamente, se inquietan al saber que aún no estás de parto, tal vez vuelvan a sugerirte que optes por una cesárea... Cuando ya habías conseguido trabajar tus miedos, aparecen los de los demás. Por eso, no es aconsejable aferrarse a una fecha probable de parto ni mucho menos darla a conocer desde el inicio del embarazo. Puedes prevenir estos problemas siendo vaga en tus respuestas: «Este bebé nacerá en verano» (si la fecha probable de parto es el 15 de junio, por ejemplo) o «antes de mayo ya tendremos al bebé con nosotros» (si la fecha es a principios de abril). Hazte a la idea de que un embarazo puede perfectamente durar cuarenta y dos semanas. Necesitarás pasar las últimas semanas tranquila y sin prisas.

A veces, el profesional que te atiende empieza a cambiar conforme se acerca el final de tu embarazo, y dice cosas como que ya «está muy grande», o que «hay poco líquido», o que «se ve una vuelta de cordón». Intenta evitar las pruebas superfluas. Si ya has pasado por una cesárea, probablemente conozcas muy bien el sendero que lleva al intervencionismo desmesurado en el parto. Piensa y visualiza tu útero como un lugar hermoso y sano, conecta con tu bebé y escucha a tu intuición. Incluso, al final de tu embarazo, todavía estás a tiempo de cambiar de profesional o de buscar otro centro si lo que percibes en el lugar actual no te permite confiar.

El libro *Parto seguro*, de las comadronas holandesas Beatrijs Smulders y Mariël Croon, te puede ser de gran ayuda en estas últimas semanas para evitar la medicalización de tu próximo parto.

La historia de María Paula

El nacimiento por cesárea de Micaela, su primera hija, fue bastante decepcionante para María Paula. Sin embargo, también fue el inicio de un camino de exploración y autoconocimiento. Con su segundo hijo, se preparó a conciencia, contactó con un médico dispuesto a atenderla en casa y con una partera.

Parir un hijo se había transformado en una obsesión para mí. Tenía muchas dudas, pero hubo un punto sobre el cual estuve siempre absolutamente segura: no iba a pasar por otra cesárea. Era algo pendiente conmigo misma. Y, además, me enorgullecía saber que me estaba preparando mucho. Empecé a sentir que más allá de la preparación para el parto, el camino que estaba transitando me estaba resultando muy placentero y útil en sí mismo. Ya había cumplido su propósito, independientemente del resultado final.

Nunca había pasado de las treinta y ocho semanas, así que haber cumplido las cuarenta era muy raro y nuevo. Tampoco había tenido contracciones, de modo que creía que esos dolorcitos que sentía cada diez minutos iban a ser todo lo que tendría que soportar.

El 13 de enero fue un día tranquilo. Como a las ocho de la noche, empiezo a sentir dolores fuertes, seguidos y llamamos a la partera. Que me meta en la bañera y la llame en dos horas. A las nueve, no doy más, las contracciones vienen muy seguidas y junto con el dolor me va invadiendo un miedo terrible, paralizante, envolvente, indefinido, atrapante. Sólo digo «mamá... mamá», aunque en ningún momento deseé realmente que ella estuviera allí.

Estoy desilusionada. Había probado tantas posiciones, tantas cosas que podía hacer entre contracciones, había elegido las músicas que quería que me acompañaran en ese momento, los aromas, los lugares, la cámara de video para grabar todo, y ahí estoy, sentada en el borde de la cama, inmóvil, asustada como una niña indefensa. Tal vez esa sea la mejor palabra para describir el sentimiento: indefensa. El dolor viene de adentro, y no hay con qué darle. Paralizada por el miedo, no puedo ni escuchar lo que me sugieren. Son sensaciones tan primarias, tan inconscientes. La hora pasa. El médico duerme. La partera va y viene, tratando de adivinar si yo prefiero estar con ella o con mi esposo, a quien no dejo mover de mi lado. Yo también trato de adivinarlo, ya que nada basta para tranquilizarme. Los tactos son tormentos para mí. Me siento avergonzada, ridícula, exagerada.

Tengo frío, calor, tirito, transpiro.

Como a las once, pregunto cuánto más puede durar esto, y la partera me contesta que varias horas más aún. Yo me siento sin fuerzas para soportarlo. Pido a gritos una anestesia, y empiezo a hacerme a la idea de que mi bebé no va a nacer en casa.

Afuera diluvia como nunca. La lluvia siempre me asusta, pero hoy no la siento. Mi desafío es vestirme y llegar a la clínica sin morir en el intento.

Entro en una silla de ruedas. No quiero, no estoy enferma. Sí quiero, me siento a punto de morir. Las percepciones son curiosas. La sensación a partir de ahí es la de estar envuelta entre grandes brazos, que me protegen del mundo externo, como una gran campana, donde sólo cabemos mi bebé y yo.

Otra sensación es la de que, a partir de ahí, ya no tengo que fingir más. Ya no conduzco más nada: ahora me dejo llevar, confiada en las personas que elegí para ello. Y segura de que hice todo lo que me era posible. Quiero decir: si bien en mi casa tenía más libertad para gritar, moverme y hacer lo que se me antojase, tanto protagonismo me abrumaba. No estoy lista todavía para ser la estrella de esta película. Necesito de mucha gente a mi alrededor para apoyarme. Y, curiosamente, esto no me hace sentir mal: saberlo me alivia. Me quita un peso de encima.

Entramos a la sala de partos. Igual a un quirófano, y tan distinta para mí... Mi marido entra conmigo. Alguien trata de atajarlo, y lo escucho decir con una firmeza nunca antes vista: «Soy el papá, va a nacer mi hijo y tengo que entrar».

Me siento en la camilla y me ponen la anestesia. Es necesario contar esto, porque, si bien yo no tengo miedo de ese momento, el vivirlo acompañada me da la posibilidad de ir reparando, como si alguien me fuera lamiendo las viejas heridas y se fueran cerrando para siempre. La partera me abraza fuerte y me guía en las respiraciones para que puedan anestesiarme sin problemas.

Cuando me acuesto, puedo ver la única ventana del cuarto, empañada, con algo escrito para mí: «Vamos Paula». Lloro ahora, mientras lo recuerdo y lo escribo.

La anestesia empieza a hacer efecto. El dolor no desaparece pero se tolera mejor. Mi esposo está a mi lado y me deja enjuagar la boca con agua. Ya sé que no la puedo tomar; en la cesárea me lo dijeron y me quedé un día y medio con la boca pastosa y seca. Pero acá me dejan enjuagarme un poco y eso me alivia.

Quiero decir: no sólo me alivia la sed. Me alivia que me tengan en cuenta, que se pueda encontrar un punto intermedio entre lo que quiero y lo que puedo. Que otros desde afuera me lo permitan, me ayuda a mí misma a buscarlo. No tengo noción del tiempo. Escucho que entra el pediatra. Que se vaya. No me molesta que esté ahí, pero que se vaya. Siento algo dentro mío abrirse, expandirse y la cabeza del bebé que baja. Oigo salir de mi boca unos gritos alucinantes, desde adentro, desde lo más hondo de mí. Con la siguiente contracción, se rompe la bolsa. Otra sensación maravillosa. Un líquido tibio me recorre y siento que me aflojo. Pregunto si está todo bien porque veo algo verdoso, pero me dicen que no pasa nada. La siguiente contracción hace asomar la cabecita de mi bebé, y eso me da fuerzas para el pujo final, intenso, desgarrador, dolorosísimo, inevitable. Siento que me parto al medio. El bebé es muy grande. Episiotomía y desgarro mediante, luego de un grito salido desde mi más recóndito lugar, siento a mi bebé salir desde dentro de mí. Siento salir su cuerpo, sus piernitas, su piel tibia, el cordón.

3.37 de la madrugada. Jeremías está aquí, entre mis brazos.

Lecturas recomendadas

- *Parto seguro* y *embarazo seguro,* Beatrijs Smulderjs y Mariel Croon, Editorial Medici.
- *Cartilla para dar a luz,* Consuelo Ruiz Vélez-Frías.
- *Cuerpo de mujer, sabiduría de mujer*, Christine Northrup, Editorial Urano.
- *La mente del bebé recién nacido*, David Chamberlain, Editorial Ob Stare.

En inglés:
- England, Pam, *Birthing from within*: *an extra-ordinary guide to childbirth preparation,* Albuquerque, N. M, Partera Press, 1998
- K. Crawford, J.C. Walters, *Natural Childbirth after Cesarean: a Practical Guide,* Cambridge, Mass, Blackwell Science. 1996.

9

Cesárea repetida

Todo embarazo puede terminar en cesárea. A pesar de haber deseado, soñado y planeado el parto vaginal después de cesárea durante meses o años, en ocasiones, es verdaderamente necesario realizar la intervención. Es en esas ocasiones en que la cesárea realmente permite salvar a la madre o al niño de una situación que compromete seriamente su salud, casi siempre de forma urgente e inesperada. En otros casos, es la propia madre la que opta por programar una cesárea tras haber valorado los riesgos y las opciones (a veces escasas) que tenía a su alcance. Sean cuales sean las razones por los que se llega a la operación, no hay ningún motivo para descuidar el resto de aspectos que rodean al nacimiento. Es decir, además de una intervención quirúrgica, la cesárea sigue siendo el momento del nacimiento y, como tal, debería ser tratado con máximo respeto y humildad por parte de los profesionales que lo atienden.

Hacer un plan para la cesárea durante el embarazo no significa que no se confíe en el parto ni en las propias posibilidades de parir; igual que hacer un seguro de vida no significa que pensemos que vamos a morir próximamente. Algunas mujeres que planean un parto vaginal después de cesárea se muestran tan decididas a parir a sus bebés que prefieren que nadie les nombre la posibilidad de la cesárea repetida; otras prefieren apostar por una casi segura cesárea respetuosa antes que por un parto vaginal improvisado en que no es seguro que todos sus deseos vayan a ser respetados por los profesionales de guardia. Muchas de las que preparan el parto vaginal confiesan su temor a sentirse fracasadas si terminan nuevamente en cesárea. Sin embargo, los conocimientos adquiridos y la energía invertida en planear un nacimiento respetado, sea parto vaginal o intervención necesaria, siempre dan su fruto, y así la cesárea repetida, incluso si es inesperada, puede ser una experiencia gratificante y reparadora del trauma previo. ¿Cómo conseguirlo? A continuación, detallamos los aspectos que puedes solicitar a los profesionales que te atenderán y que harán que, a pesar de acontecer en un quirófano, el nacimiento de tu siguiente hijo sea un momento gozoso.

Cesárea respetuosa

- Explica a tu médico, con detalle, tu anhelo de que si necesitas una cesárea, ésta sea absolutamente respetuosa contigo y tu bebé.
- Puedes hablar con los médicos sobre tus deseos respecto al tipo de anestesia, sutura, atención al bebé una vez que nazca, fotos o videos durante la intervención, etcétera.
- Explícaselo a los que te atienden, diles que recordarás ese momento toda tu vida y que quieres ser tratada con respeto y alegría.
- Pídeles que no hablen de ninguna otra cosa que no sea del nacimiento de tu hijo y que te expliquen lo que sucede en cada instante.
- Puedes solicitar unos momentos antes de empezar, para meditar o rezar a solas o con tu pareja.
- Habla con tu bebé, explícale lo que va a suceder; esto le permitirá estar más tranquilo y confiar en ti.

- Explícales a todos que necesitarás muestras de cariño: ¡tienes derecho a sentir miedo! Si necesitas que alguien sujete tu mano, acaricie tu pelo o te hable en voz baja durante la intervención porque así estarás más tranquila, hazlo saber.
- La mayoría de las veces, la intervención se puede realizar con anestesia epidural.
- Además, no hay ningún motivo real para que el padre o algún familiar no acompañen a la madre. Algunas mujeres han tenido también la compañía de una partera, que les da apoyo emocional durante la intervención y recuerda a los profesionales cuáles son los deseos de la madre.
- Cuando es preciso utilizar la anestesia general, aún es más importante la presencia del padre en el nacimiento; así él podrá recibir al bebé y contar los detalles de la intervención a la madre.
- Puedes solicitar que todos los goteros e instrumentos te sean colocados en un solo brazo, lo que te permitirá tener el otro brazo libre para abrazar a tu bebé y darle de mamar.
- Puedes pedir que bajen la sábana que aísla el campo operatorio, en el momento en que sale tu bebé para poderlo ver.
- En ese instante en que nace, puedes pedir que todos callen, para que lo primero que escuche sea tu voz y la de su padre y, con ayuda, lo puedes abrazar inmediatamente.
- Algunas mujeres han amamantado incluso mientras les cosían la herida de la cesárea. No hay ningún inconveniente y todo son ventajas: la lactancia favorece que el útero deje de sangrar antes y dar de mamar en la primera hora del nacimiento, asegura que la lactancia no se verá afectada por las rutinas que implica la recuperación de la cesárea.
- Solicita tu placenta, la pueden guardar en el congelador hasta que te vayas a casa. Algunas personas recomiendan su ingestión, cruda o en batidos, como una forma

de recuperar fuerzas después del parto. (La placenta es rica en hierro, minerales y hormonas maternales.) Si lo deseas, puedes tomarla cruda en pequeños trocitos o bien en batido, con zumo de naranja. Es un reconstituyente muy poderoso y de efecto rápido. Si no deseas comerla, una vez en casa puedes enterrarla en el campo o en un jardín y, si lo necesitas, llorar un rato.

- Después de la cesárea, mientras estás en la clínica, permanece largos ratos con tu bebé, piel con piel, sobre tu pecho desnudo. ¡Es una experiencia reparadora y te ayudará a sentirte mejor!
- Mantén tu poder de decisión y tu responsabilidad. Aun siendo cesárea, tu nacimiento es tuyo y de tu bebé.

Aceptar la cesárea repetida

«No quiero ni imaginar si, después de todo el tiempo que estoy dedicando a preparar este parto, todo termina en cesárea cómo me voy a sentir». O incluso: «No me atrevo a soñar con un parto por miedo a que termine en cesárea otra vez; con todo lo que sé ahora creo que me resultaría aún más difícil de aceptar».

El miedo a otra cesárea es frecuente, especialmente si la primera fue muy traumática y has dedicado mucho tiempo y energía a preparar un parto vaginal. Una segunda o tercera cesárea pueden tener aún más de renuncia o de sacrificio incluso que la primera; sólo tú sabes lo que te costó asimilarla. Y, sin embargo, aunque da mucho miedo, la cesárea sucesiva puede ser más fácil de aceptar, ya que casi siempre se consiguen detalles que no fueron posibles la primera vez.

La decepción de acabar con otra cesárea puede parecer inevitable, pero es importante *reconocer el mérito que tienes*, y todo lo que has conseguido esta vez. Si, a diferencia de la primera cesárea programada, esta vez has llegado a ponerte de parto espontáneamente; si has podido experimentar contracciones naturales; si tu bebé ha nacido en la fecha que él o ella ha elegido; si has podido verle nada más nacer; si no se ha separado de vosotros ni un instante; si has podido iniciar la lactancia en las primeras horas; si tu recuperación física ha sido más sencilla... Cada uno de estos puntos en sí mismos requiere una celebración muy especial como logros, y son fruto de tu preparación y tu defensa de los derechos de tu hijo, no lo olvides. La cesárea, igual que el parto, es un acto de amor.

En su segundo embarazo, Andrea intentó un parto en casa después de cesárea. Pero no pudo ser y su segundo hijo vino al mundo por cesárea:

> Por mi mente pasan todas las historias de partos que he leído en tantos años, especialmente los PVDC. Algunos bonitos y maravillosos y otros muy traumáticos, y me pregunto qué es lo que cuenta, cómo me sentiría yo si hubiera logrado el PVDC, pero atada a monitores, tumbada e insultada un par de veces, o rota por dentro por el uso de fórceps, o si a mi hijo lo hubieran torturado por protocolo. Siento que debería estar contenta. Logré mucho esta vez; fue mi hijo quien decidió el día de su nacimiento, logré sentir contracciones (¡y de la buenas!), dilaté completamente, me conecté con mi cuerpo, mi pareja y mi bebé increíblemente, mi hijo estuvo conmigo o su padre en todo momento, no lo pincharon ni maltrataron. Comparado con tantos partos, he logrado mucho más que otras mujeres que también buscaban una buena experiencia, aún así, mi alma y mi cuerpo están tristes.
>
> Andrea Anguera

Incluso si reconoces tus logros, también puedes sentir cierta tristeza o decepción; es normal. Como le sucedió a Andrea, cuando se espera y anhela un hermoso parto vaginal; cuando se han trabajado los miedos a conciencia; cuando se ha preparado durante años leyendo historias de partos y libros relacionados con el tema; cuando se ha optado por confiar en el propio cuerpo, las emociones que produce una segunda cesárea pueden ser intensas y contradictorias. En los días siguientes, algunas mujeres se sienten bloqueadas, como si hubieran perdido su oportunidad de parir, y revisan continuamente el parto para entender qué pasó, por qué otra vez no pudo ser.

Date tiempo, cada recuperación es diferente. En la mayoría de los casos, la segunda vez o sucesivas puede ser más sencilla, pero con todo, en las semanas o meses que siguen a la cesárea, puedes atravesar momentos de tristeza; es normal y reparador. Pero sentirse culpable o recriminarte a posteriori por las decisiones que tomaste confiando en que serían lo mejor para ti y tu hijo, no sirve de nada, ¡ni siquiera a tu hijo se le ocurriría hacerlo! Celebra tus logros y recuerda que aceptar tus decisiones, por muy erróneas que parezcan, es una manera de enseñar a tus hijos a quererse a sí mismos. A veces, son ellos mismos, nuestros hijos, los que mejor entienden que hicimos todo lo posible por darles un nacimiento respetado y lleno de amor, incluso si terminó en cesárea. La historia de Marta, que también intentó un parto vaginal después de su primera cesárea, ilustra hasta qué punto los niños saben lo que necesita su madre:

> Los días pasan y Rodrigo está a gusto dentro, pero crece y crece, y de un día para otro, tras una revisión, en la semana ya-ni-sé, mi médico se reúne con su jefe y me dicen que el bebé está muy grande, unos cuatro kilos, que trae una vuelta de cordón y que es hora de provocar una cesárea directa. Yo me hundo al ver que mi médico piensa también que eso es lo que hay que hacer, no entiendo nada, pero no encuentro una salida a ese callejón en el que me han metido de golpe. Lloro, me rebelo, y miles de sentimientos se agolpan en mí en las horas siguientes: en unas seis horas desde la conversación, debo ingresar en el hospital y, a la mañana siguiente, se me hará la cesárea. Punto. No puedo pelear más, me rindo y trato de sobreponerme para recibir a mi hijo lo mejor posible, sin ese desconsuelo tan tremendo que sentía al saber el final que nos esperaba. Me voy al hospital, como oveja al matadero, y nunca mejor dicho. La

noche es horrible. Mi marido llora conmigo, y ya no sabe cómo calmarme. A las seis de la mañana, me dice que me tranquilice de una vez, que hemos tomado una decisión y que no puede ser que esté así, que Rodrigo está a punto de nacer, y que por él trate de sobreponerme. Funciona, y me tranquilizo. Empiezo a pensar en positivo en mi hijo, y consigo olvidar la sensación de fracaso. Me preparan para la cesárea, los dos médicos vienen a recibirme, y me brindan un trato muy cariñoso en el quirófano, accediendo a todo lo que les pido: que me dejen tener a mi hijo, que me lo pongan al pecho, trabajan en silencio, respetando mi silencio y mis oraciones. En el momento de sacar a Rodrigo, me levantan la cabeza para que pueda verlo y, Dios mío, veo nacer a mi hijo, es increíble, al sacarle la cabeza, me miró y sonrió, luego miró al ginecólogo y también le sonrió. Fue alucinante, mi hijo nació sonriendo. Pensarán que eran alucinaciones de la epidural, pero no fue así, las enfermeras y el médico, todos lo comentaron después. Nació con 4,600 kilos, muy grande. Me lo trajeron y me lo puse al pecho un rato, otro momento increíble, estaba abrazando a mi hijo recién nacido. En la cesárea anterior, sólo vi cómo se lo llevaban. ¡Esta vez era tan distinto!

Marta Parra

Siempre queda la esperanza

Que hayas pasado por una segunda cesárea tampoco significa que nunca vayas a tener un parto vaginal. Hay muchas mujeres que han tenido un parto vaginal después de dos, tres y cuatro cesáreas. Entre todas ellas, hay para nosotros una muy especial: el nacimiento de Mireia, un parto vaginal después de dos cesáreas. Cuando el ginecólogo cosía a su madre, Meritxell Vila, el útero en la segunda cesárea, ella le dijo al médico: «A mi próximo hijo lo pienso parir por la vagina», lo que motivó la risa de los allí presentes. Dos años más tarde, el 31 de enero del 2001, Mireia vino al mundo en un feliz parto vaginal, después de dos cesáreas. Meses después, Meritxell e Ibone fundaron el foro virtual «Apoyocesareas», por el cual han pasado ya cientos de mujeres que buscaban ayuda psicológica para superar sus partos traumáticos. Muchas de ellas han logrado en el siguiente embarazo tener un parto vaginal o una cesárea respetuosa. Dos años más tarde, la hermana de Mireia, la pequeña Meritxell, también vino al mundo de forma natural. Con la hermosa historia del nacimiento de Mireia, cerramos este libro, sabiendo que, a pesar del tiempo transcurrido, seguirá sirviendo de inspiración a muchísimas madres y padres.

El nacimiento de Mireia

Mis dos primeros hijos nacieron por cesárea. Con Tario, me indujeron el parto tres días antes de cumplir la fecha, pues el niño estaba «muy alto». Tras todo el día con oxitocina, rotura artificial de bolsa, monitorización constante (también interna), epidural... etcétera, y siendo viernes por la tarde (29 de septiembre de 1995), se decidió una cesárea, por no progresión de parto y porque yo era una mujer que no dilataba, «como tantas otras». El nacimiento de Ángel fue por cesárea programada, pues el mismo ginecólogo consideró que también era «macrosoma» (Tario pesó 4,000 kilos y Ángel 3,700). Estaba en situación transversa casi un mes antes de la fecha probable de parto y, con cesárea anterior, el médico no esperó ni un día más y el sábado 9 de enero de 1999, se programó la cesárea. Ángel nació, entonces, con sólo treinta y siete semanas. Y así fue como, tras estas dos cesáreas, se me había negado completamente la posibilidad de parir algún día. Sabía que posteriores hijos serían cesáreas programadas, debido al posible riesgo de rotura uterina al iniciarse las contracciones de parto, y que incluso se programaría la cesárea tres semanas antes de la fecha para evitar problemas...

Tras las dos cesáreas, pasé una época difícil, tratando de entender por qué yo no era capaz de parir, qué problema tenía, si soy una mujer muy fuerte y sana... Mi madre tuvo partos normales, mis abuelas también... No podía entenderlo... Ni siquiera había sido capaz de sentir una sola contracción, no me habían dado tiempo... La gente intentaba ayudarme diciendo: «¿Pues no tienes a tus dos hijos sanos? ¿Cuál es el problema?». No podía explicarlo, es un sentimiento mezcla de impotencia, frustración, invalidez, añadido a la sensación de sentirte rota, como cortada... No soy capaz de definirlo, creo que sólo puede entenderlo otra madre que haya pasado por lo mismo y que valore de la misma forma la importancia de la responsabilidad de ser madre, desde antes de la concepción hasta toda la vida, pasando por la lactancia, el modo de educar a los hijos...

Cuando quedé embarazada de Mireia, por suerte, estaba amamantando aún a Ángel y estaba en contacto con La Liga de la Leche de Alicante (por cierto, el ginecólogo ya me advirtió que o destetaba inmediatamente a Ángel o podía abortar... menos mal que no le hice ni caso y se destetó él solito unos días antes de nacer su hermana...). Allí, me hablaron de una maternidad donde se respeta a la mujer y al bebé. A la vez, empecé a buscar en Internet información acerca de algo que había leído alguna vez y era la palabra mágica VBAC (Vaginal Birth After Cesarean). Cuál sería mi sorpresa al encontrar abundante información de partos en Estados Unidos después de ¡dos o incluso más cesáreas! Una puerta que creía cerrada para siempre para mí, se abría ligeramente.

Ahí comenzó mi búsqueda diaria de información, casi no podía pensar en otra cosa, aún tenía, alguna remota posibilidad de parir, era casi una obsesión saber que aún tenía esperanzas... Con la información que tenía, fui a ver a un ginecólogo de esa maternidad, a pedirle una oportunidad, la de intentar ponerme de parto antes de hacer la cesárea, y si las cosas fueran bien, pues dejarme continuar... Ellos habían tenido un caso, hacía dos o tres años, también de una madre con dos cesáreas previas y que había conseguido parir y eso me animaba mucho... La decisión estaba prácticamente tomada, pero las dudas eran muchas... Mi marido Ángel y yo nos habíamos recorrido más de ocho ginecólogos, buscando una segunda opinión, y todas eran tajantes: el protocolo de la Sociedad Española de Ginecología y Obstetricia obliga a programar la tercera cesárea... Incluso visitamos otra conocida clínica de Barcelona, donde nos dijeron que hace unos años sí habían hecho una VBA2C... Allí, incluso me dijeron que mi niña nunca podría salir vía vaginal, pues mis dos cicatrices, hechas con el útero sin dilatar al no haberse iniciado nunca el parto, iban a impedir que ella bajara... Así que también salí llorando, pero no ya sólo por la imposibilidad de parir, sino también porque me hacían sentir todos estos médicos como una madre irresponsable, que era capaz de arriesgar la vida de su hija y la suya propia por satisfacer el «capricho» suyo de tener un parto... Sin embargo, toda la bibliografía que recopilaba me daba bastantes esperanzas. El riesgo de rotura de útero es sólo ligeramente superior al de una sola cesárea previa y tomando las precauciones adecuadas, se podía y se debía intentar... No hay que olvidar que una cesárea es cirugía mayor abdominal y, algo que nunca nos cuentan, que también tiene sus riesgos...

El embarazo lo hemos vivido con gran ilusión. También, con muchas dudas, miedos y esperanzas, pero con la seguridad de estar haciendo lo mejor para la niña, al no programar directamente la cesárea y esperar a ponerme de parto y que fuera Mireia quien decidiera el momento de su nacimiento. A los siete meses de embarazo, me dieron la baja laboral y todo ese tiempo hasta el parto fue una preparación intensiva para el gran momento: recopilando toda la información posible y leyendo historias de partos VBAC, preparándome físicamente a conciencia, nadando mucho para estar fuerte y aguantar un parto que esperaba largo (había leído casos de partos de tres días de duración desde el inicio de contracciones), y, lo más importante, preparándome mentalmente para afrontar un parto en el que yo tenía que estar muy segura de mí misma, de mi capacidad... Lo malo es que, claro, tenía dudas, dudas sobre todo respecto, ya no a mi útero, sino a mi cabeza; si el miedo a que algo pasara me bloquearía y me haría pedir una cesárea... Además del temor normal de saber si sería capaz de aguantar un dolor que nunca había sentido... de si, después de todo lo que estaba moviendo, no sería capaz de afrontar el parto... Para ayudar a prepararme, me grabé una cinta que escuchaba a todas horas, con una visualización de lo que imaginaba serían las contracciones y el nacimiento de Mireia...

Mi marido, Ángel, ha sido determinante en todo este proceso, y su papel a mi lado era muy difícil. Por una parte, veía y, lo más importante, entendía mi enorme ilusión por intentar vivir un parto, pero por otro lado, y especialmente después de las consultas con los ginecólogos, tenía mucho miedo a que algo pasara... Yo le iba haciendo resúmenes de todo lo que leía y le explicaba que era una opción razonable y segura... Creo que él también se ha convertido en un especialista en partos tras cesáreas, pues reconozco que había días en que yo apenas hablaba de otra cosa... Realmente, ha demostrado un gran respeto por mis sentimientos, que ha antepuesto a sus temores, y, a pesar de las dudas, hemos estado muy unidos en todo momento.

La fecha probable de parto era el 31 de enero de 2001, así que nos fuimos hacia la clínica el día 28; yo intuía que el parto se me iba a retrasar y quería descansar unos días antes y preparar el «nido». Yo andaba un poco preocupada, no había sentido ninguna contracción de esas de «ensayo» durante el último mes, ¿sería verdad que yo no dilataba? El caso es que en el coche, ya de camino a Beniarbeig, noté algo extraño, algo que no había sentido nunca antes... ¡Era mi primera contracción! Así comenzaron y ya no pararon...

Estuve todo ese día, esa noche y al día siguiente con contracciones cada 10-15 minutos. Me sentía muy feliz, aún sin saber cómo terminaría todo, por lo menos veía que mi cuerpo funcionaba bien y el útero podía trabajar, con eso casi que me conformaba, había esperado a que Mireia fuera la que pidiera nacer... Esa noche, la del domingo 28, nos acercamos a la clínica a controlarla. Allí estaba Julia, la partera, que nos transmitió mucha tranquilidad. Estuve un rato sentada en la mecedora y me encantó escuchar los latidos del corazón de Mireia y disfrutar de las contracciones... El lunes por la mañana volvimos de nuevo y con Cari, la partera que más tarde vería nacer a Mireia, resolvimos que todo iba bien... Estuvimos también con Enrique quien, tras reconocerme, me dijo que las contracciones de todo el día anterior habían sido buenas, y que ya tenía dos centímetros... ¡Sí que dilataba! ¡Y era Mireia la que estaba pidiendo nacer! Disfruté de ese día, intenté dormir un rato para recuperar fuerzas, pero las contracciones ya eran intensas... Salí a pasear por la tarde, mi único miedo en esos momentos es que todo se parara, un miedo sin sentido, el parto estaba cerca y ya no había vuelta atrás...

El lunes por la noche, vimos que la dilatación ya era de 3-4 centímetros. Yo preferí continuar la dilatación en casa, para restar horas de «parto», pero a las dos horas volvimos a Acuario, pues me dio un poco de miedo que se descontrolara el útero y no tener los medios. Era la una de la madrugada del martes 30 de enero. En la sala de partos me puse cómoda y continué la dilatación, intentando disfrutar de cada contracción... ¡Las había deseado tanto que creo que me dolían menos...! Al cabo de un rato (no recuerdo con claridad los tiempos), al ir al baño, expulsé el tapón mucoso y, al momento, se me rompió la bolsa de aguas... Todo iba genial, ¡no me lo podía creer! La dilatación ya era completa, había que ir al expulsivo. Aquí es donde Enrique y Cari fueron determinantes, me aportaron mucha serenidad en todo momento, no tuve sensación de riesgo ninguno, sino sólo la tranquilidad de que todo iba bien. Fue realmente un lujo compartir esos momentos tan especiales con ellos. Vino también la anestesista, me tomó una vía, pero siempre se mantuvo en un discreto segundo plano...

Bueno, conforme pasaba el tiempo, el agotamiento aumentaba, era la segunda noche sin dormir, las contracciones no habían parado, me encontraba muy cansada... Pero ahí estaba

Ángel, sosteniéndome y animándome en todo momento... Tuve una inmensa suerte con las personas que me acompañaron, el expulsivo fue realmente intenso, yo sabía que no tenía demasiado tiempo, que si esta etapa se alargaba, se tomarían medidas... y yo no quería nada, sólo que todo fuera natural, y dejar que Mireia naciera por sí misma... Así que recuerdo que aprovechaba cada contracción y empujaba con todas mis fuerzas, sabiendo que a más dolor, más estaba bajando la niña... En estos momentos, estaba como ausente, los ojos cerrados, ahorrando fuerzas, sin hablar... oyendo al estupendo equipo, apoyándome a mi alrededor... Y sabiendo que ellos estaban allí conmigo, pero que era realmente yo sola la que tenía que parir y que debía hacerlo, y disfrutar (eso me decía a mí misma) de ese dolor tan sano que es el que se produce cuando tu propio cuerpo se está abriendo para dejar nacer a un hijo... Durante todo este tiempo, no tuve miedo, tenía la sensación que todo estaba ocurriendo como tantas y tantas veces había imaginado, y que mi útero estaba trabajando como nunca le habían permitido...

Enrique y Cari pujaban de verdad conmigo en cada contracción; podía notarlos al cogerme las manos. Yo estaba sentada en una silla de partos, y Ángel detrás de mí, no dejaba de hablarme al oído, me recordaba lo importante que era este momento para mí, todo lo que habíamos luchado para conseguirlo, que sí que podía conseguirlo, como tantas y tantas mujeres... Yo había observado que conforme pasaba la noche, sus ojos iban adquiriendo un brillo de excitación y emoción al ver que lo que creíamos impensable, estaba de verdad ocurriendo... Este período fue largo y realmente duro, hubo momentos en que creo que dudé de mí misma y de mis fuerzas, pero entre contracción y contracción recuperaba fuerzas y me decía que me faltaba una menos para conocer a Mireia... Enrique me ofreció la posibilidad de la ventosa, para ahorrar algunas contracciones, pero no la quise, las había deseado tanto que no quería perderme ninguna de ellas. Además, estaba convencida que quería un parto lo más natural posible...

Ya casi al final, Cari insistía en que me tocara para notar a la niña, pero yo no lo quería hacer, me daba miedo que no fuera verdad... Pero sí era cierto, la niña estaba bajando... De modo que, finalmente, tras mucho pujar, y casi sin creérmelo, pude notar y ver en un espejo la cabecita de mi niña... ¿Podía ser verdad que yo iba a ser capaz de dar a luz...?

Sí... Mi hija Mireia nació felizmente a las 5.40 de la mañana, perfectamente bien, sin epidural, sin episiotomía, sin oxitocina, sin ventosa... Sin nada... Inmediatamente, la pusieron sobre mí, y todos la acariciaban, para masajearla... Yo sólo quería ponérmela al pecho, era mi forma de acercarla al máximo a mí, como tantísimas veces había hecho con sus hermanos... Mireia nació perfectamente sana y muy grande, pesó 4,280 kilos y midió 54 centímetros... (sólo por el tamaño me habrían hecho otra cesárea...).

Tras esos primeros instantes de emoción, recuerdo que Enrique comprobó mediante una palpación interna que el útero estaba intacto, y que no se había producido ninguna dehiscencia o rotura parcial de las cicatrices del útero. Todo estaba perfectamente bien.

La felicidad de esos momentos es algo que aún estoy viviendo, todos los días me acuerdo del parto... Nos costó mucho conseguirlo, muchos meses de dudas y miedos, pero hoy sé que esto es posible y que será cuestión de unos años el que en España se pueda parir después de dos o más cesáreas.

Mi hija Mireia ha tenido la gran suerte de nacer en un sitio maravilloso, Acuario, donde fue tratada desde el principio con todo el cariño posible y pensando siempre en su bienestar. Respecto a mí, me siento muy feliz, he conseguido reconciliarme con mi propio cuerpo y estoy orgullosa de haber vivido esta experiencia. Yo animaría a todas las mujeres a tener un parto natural, sin ninguna intervención innecesaria, pues ésta es la forma que tiene la Naturaleza de demostrarnos a las mujeres que somos muy fuertes y capaces de soportar momentos realmente duros. Además de ser una experiencia absolutamente enriquecedora y que luego siempre me enorgullecerá recordar.

No quiero terminar sin decir que este parto también es, en gran parte, de mi amiga Ibone, así como el nacimiento de su hija June lo siento como algo mío. Ella me ha ayudado mucho en las múltiples crisis que he pasado estos últimos meses y ha estado a mi lado, animándome a continuar con lo previsto. Hemos vivido juntas estos meses de preparación previa y ha sido un camino muy bonito el preparar el nacimiento de nuestras hijas, tras haber sufrido dos cesáreas. Pero lo que creo más importante de todo es que algún día June y Mireia sabrán que sus madres dedicaron muchísimo esfuerzo, ilusión, y pasaron por muchas dudas y miedos sólo con el fin de darles lo mejor, su propio nacimiento y no programar directamente una cesárea.

En fin, sólo deseo que este relato ayude a ver que queda mucho que cambiar respecto al nacimiento de nuestros bebés, y que las mujeres no debemos perder el privilegio que nos viene dado por la Naturaleza de vivir por nosotras mismas el momento único del nacimiento de un hijo, con toda su intensidad y toda su hermosura.

MERITXELL VILA CONESA

Anexo I

Clasificacion de las prácticas en el parto normal

(Informe de la OMS- Organización Mundial de la Salud- Ginebra 1999)

Esta clasificación está realizada de acuerdo con los criterios de la medicina basada en la evidencia.

Categoría A

Prácticas que son claramente útiles y que deberían ser promovidas

1. Un plan personal que determine dónde y por quién será atendido el parto, realizado con la mujer durante el embarazo.
2. Seguimiento del bienestar físico y emocional de la mujer durante el parto y el posparto.
3. Ofrecer líquidos por vía oral durante el parto.
4. Respeto a la elección informada de la mujer del lugar del parto.
5. Respeto del derecho de la mujer a la intimidad en el lugar del parto.
6. Apoyo afectivo de los asistentes durante el parto.

7. Respeto a la elección de los acompañantes de la mujer durante el parto.
8. Dar a la mujer tantas informaciones y explicaciones como desee.
9. Métodos no invasivos, no farmacológicos de alivio del dolor durante la dilatación, como el masaje y las técnicas de relajación.
10. Monitorización fetal con auscultación intermitente.
11. Libertad de posición y movimiento durante todo el parto.
12. Estímulo a evitar la posición tumbada (decúbito supino) durante el parto.
13. Contacto inmediato piel con piel de la madre y el hijo y apoyo al inicio de la lactancia en la primera hora después del parto, de acuerdo con las orientaciones de la OMS sobre lactancia.

Categoría B

Prácticas que son claramente perjudiciales o ineficaces, que deberían ser eliminadas

1. Uso rutinario del enema.
2. Uso rutinario del rasurado púbico.
3. Perfusión intravenosa de rutina en el parto.
4. Posición en decúbito supino (tumbada) de rutina durante la dilatación.
5. Posición rutinaria tumbada, con o sin estribos durante el parto.
6. Esfuerzos de pujo sostenidos y dirigidos durante la fase del expulsivo.
7. Masaje y estiramiento del periné en la fase del expulsivo.

Categoría C

Prácticas de las que no existe evidencia clara y deben usarse con cautela

1. Rotura artificial de la bolsa amniótica en la primera fase del parto.
2. Presión del fondo uterino en el período expulsivo.
3. Ligadura y sección precoz del cordón umbilical.

Categoría D

Prácticas que a menudo se utilizan inadecuadamente

1. Restricción de líquidos y alimentos durante el parto.
2. Control del dolor con anestesia epidural.
3. Monitorización fetal electrónica.
4. Llevar mascarilla y batas estériles durante la atención al parto.
5. Estimulación con oxitocina.
6. Cambio rutinario de la mujer a otro lugar al comenzar la fase expulsiva.
7. Animar a la mujer a pujar antes de que ella sienta imperiosa necesidad de hacerlo.

Anexo 2

Estudios recientes sobre rotura uterina y PVDC

- Un estudio estadounidense realizó un seguimiento en diecinueve hospitales de cuarenta y seis mil mujeres embarazadas que tenían una cesárea previa entre los años 1990 y 2002. De estas 46.000, a 28.000 se les realizó una cesárea programada sin haberse puesto de parto, y 18.000 intentaron el parto vaginal después de cesárea. De estas últimas, el 73% consiguieron el parto vaginal. Entre las 18.000 mujeres que intentaron el parto vaginal, sólo hubo 128 casos de rotura uterina, es decir, menos de un 1% (0,7%). El estudio concluye que el riesgo de que el bebé sufra lesiones debido al intento de parto es aproximadamente de 1 entre 2.000 (Landon).
- El equipo de Lyndon-Rochelle (2001) estudió a 20.095 mujeres embarazadas que tenían una cesárea anterior, y que dieron a luz entre 1987 y 1996. En total hubo once roturas uterinas en las mujeres que tuvieron una cesárea repetida sin parto previo (0,16%), cincuenta y seis entre las que se pusieron de parto espontáneamente (56 de 10.789, es decir, un 0,52%), mientras en las que se indujo sin prostaglandinas fue 0,77% (15 de 1960) y con OG: 2,45% (9 de 366). En total el riesgo de rotura uterina entre las que intentaron el parto fue del 0,6% (80 de 13.115). Además, en dicho estudio, observaron que la incisión vertical en el segmento inferior del útero no se asociaba con un riesgo mayor de rotura. La

conclusión de este estudio fue que el riesgo de rotura uterina era mayor si se inducía el parto.
- Otro estudio revisó todos los estudios publicados en revistas médicas anglosajonas entre 1989 y 1999 (Mozerkewich, 2000) y seleccionaron los quince estudios de mayor calidad sobre PVDC y rotura uterina. Analizaron las roturas uterinas, la mortalidad materna, fetal y neonatal, las puntuaciones de APGAR, transfusiones maternas e histerectomías. Había 28.813 mujeres que intentaron PVDC y 20.746 de ellas lo lograron (72,3%). En el grupo que intentó un parto vaginal hubo un 0,4% de roturas uterinas (4 de cada 1.000) y en el de cesáreas programadas un 0,2% (2 de 1.000). En total, se estima que entre 693 a 3.332 mujeres necesitarían tener una cesárea programada para prevenir una sola muerte fetal o neonatal debida al intento de parto. Entre 347 y 809 mujeres necesitarían una cesárea programada para prevenir una sola rotura uterina. Los autores concluyen que el intento de parto vaginal puede producir un pequeño incremento en la tasa de rotura uterina y mortalidad fetal y neonatal frente a la cesárea programada, pero que este incremento se contrarresta con la disminución de la morbilidad materna en el intento de parto.
- Otro estudio publicado en 1999 (Gregory) revisó los datos de las 536.785 mujeres que dieron a luz en California en el año 1995. Hubo un 20% de cesáreas (111.374). En el grupo, había un 12,5% de mujeres con una o más cesáreas previas (66.856). De éstas, un 40,3% (26.943 de 66.856) optaron por la cesárea programada, mientras un 59,7% (39.913 de 66.856) intentaron el parto. De las que lo intentaron, el 61,4% lo lograron. PVDC: 61,4% (24.024 de 66.856). La tasa total de roturas uterinas fue 0,07% (392 de 536.785). En el total, de mujeres con cesárea previa, el porcentaje de rotura uterina fue de 0,43% (288 de 66.856). En este estudio la tasa de rotura uterina en PVDC fue de 0,53%, lo que corrobora la seguridad del PVDC en relación a la rotura uterina que se había señalado en estudios más pequeños.

- Rageth, en 1999, analiza los datos del 40% de partos en Suiza entre 1983 hasta 1996. Todas las participantes en el estudio tenían al menos un parto anterior. Había un 11,37% de mujeres con una cesárea anterior (29.046 de 255.453). De estas, intentaron el parto un 60,64% (17.613 de 29.046), mientras que el resto optaron por la cesárea programada 39,36% (11.433 de 29.046). En las cesáreas repetidas, hubo 22 roturas uterinas de 11.433 (0,19%); en las que intentaron el parto, hubo 70 de 17.613 (0,39%). Las mujeres que intentaron el parto PVDC tuvieron menos riesgo de tener una histerectomía (0,16% *vs.* 0,45%), fiebre (1,5% *vs.* 2,29%), tromboembolismos (0,22% *vs.* 0,43%). Los autores concluyen que el intento de parto vaginal después de cesárea es seguro y debería ser recomendado en la mayoría de los casos.
- Otro estudio reciente: el riesgo de muerte perinatal en PVDC es mayor que en un segundo parto vaginal, pero es similar al de las primerizas (Smith, 2002); pero con los mismos datos, los mismos autores publican otro estudio que señala que la cesárea anterior duplica el riesgo de tener una muerte fetal a término en el siguiente embarazo.
- Un estudio holandés publicado en la revista europea de obstetricia (*Spaans y col.*) investigó la seguridad de intentar el parto después de dos o tres cesáreas. Analizan la historia de mujeres con más de una cesárea previa que dan a luz en un intervalo de 10 años (1988-1997) en dos hospitales universitarios en los Países Bajos. De las 246 mujeres con más de una cesárea previa, 187 optaron por la cesárea programada (76%), 59 (24%) intentaron el parto y, de estas, 49 (83%) tuvieron un parto vaginal. Hubo tres roturas uterinas sin mortalidad materna ni perinatal relacionada; sólo una de las tres roturas se produjo durante el intento de parto. La morbilidad materna no difirió entre las que intentaron el parto y no parieron y las que programaron una cesárea. La mortalidad perinatal no varió por el modo de parto. Concluyen que la prueba de parto vaginal puede ser una opción segura en algunas mujeres despues de dos y tres cesáreas.

Bibliografía

1. Landon y col. «Maternal and Perinatal Outcomes Associated with a Trial of Labor after Prior Cesarean Delivery». *New England Journal of Medecine*, Volume 351:2581-2589 December 16, 2004.
2. Lyndon-Rochelle M, Holt VL, Easterling TR, Martin DP «Risk of Uterine Rupture During Labor Among Women With a Prior Cesarean Delivery». *NEJM*, Vol. 345, 3-8 July 5, 2001.
3. Mozerkewich, E. L. and Hutton E. K. «Elective repeat cesarean delivery versus trial of labor: A meta-analysis of the literature from 1989 to 1999». *Am J Obstet Gynecol* Vol. 183, 1187-1197, Nov. 2000.
4. Gregory K. D., Korst, L. M., Cane P., Platt, L. D., Kahn, K. «Vaginal Birth After Cesarean and Uterine Rupture Rates in California». *Obstet and Gynecol*, Vol.94, 985-989, Dec. 1999.
5. Rageth J. C., Juzi C., Grossenbacher, H. «Delivery After Previous Cesarean: A Risk Evaluation». *Obstet and Gynecol* 93: 332-337, March, 1999.
6. Smith G. C., Pell J. P., Cameron A. D., Dobbie R. «Risk of perinatal death associated with labor after previous cesarean delivery in uncomplicated term pregnancies». *JAMA*. 2002 May 22-29; 287(20): 2684-90.
7. Smith P. G., Pell J. P., Dobbie R.Lancet. 2003 Nov. 29;362(9398):1779-1784. «Caesarean section and risk of unexplained stillbirth in subsequent pregnancy».
8. Spaans W. A., van der Vliet L. M., Roell-Schorer E. A., Bleker O. P., van Roosmalen J. Eur J Obstet Gynecol Reprod Biol. 2003 Sep. 10;110(1):16-9. «Trial of labour after two or three previous caesarean sections».